微信
营销36计

吴学刚 ◎ 编著

云南出版集团

云南人民出版社

图书在版编目（CIP）数据

微信营销 36 计 / 吴学刚编著 . -- 昆明：云南人民出版社，2021.6
ISBN 978-7-222-19966-8

Ⅰ. ①微… Ⅱ. ①吴… Ⅲ. ①网络营销 Ⅳ. ① F713.36

中国版本图书馆 CIP 数据核字（2021）第 117025 号

出品人：赵石定
责任编辑：李　洁
助理编辑：谢筑娟
装帧设计：周　飞
责任校对：胡元青
责任印制：马文杰

微信营销 36 计
WEIXIN YINGXIAO 36 JI

吴学刚　编著

出版	云南出版集团　云南人民出版社
发行	云南人民出版社
社址	昆明市环城西路 609 号
邮编	650034
网址	www.ynpph.com.cn
E-mail	ynrms@sina.com
开本	710 mm × 960　1/16
印张	18
字数	200 千
版次	2021 年 6 月第 1 版第 1 次印刷
印刷	永清县晔盛亚胶印有限公司
书号	ISBN978-7-222-19966-8
定价	45.00 元

如有图书质量及相关问题请与我社联系
审校部电话：0871-64164626　印制科电话：0871-64191534

云南人民出版社公众微信号

前　言

  2020年1月，微信官方网站发布了2019年微信数据报告。报告指出，微信在2019年的月活跃用户数已经达到了11.51亿。聚集了巨大流量的微信因此成为各大商家最为青睐的营销载体之一。发展至今，已有不少企业和个人从中获得巨大红利。另外，近两年来兴起的微信小程序，更让微信营销的发展势如破竹。

  移动互联网时代，微信已成为当前主流的营销平台。面对这个潜藏巨大商业价值的平台，我们如何利用其做品牌营销与推广？如何扩大产品或品牌的知名度？如何将微信用户变成自己的客户？如何高效利用朋友圈、微信群、公众号创造财富？

  微信营销的优势就在于其较高的转化率。微信营销之所以能够成功，是因为它建立在用户朋友间信任的基础上，而这刚好与转介绍的营销模式不谋而合。转介绍的基础也是建立在介绍人与被介绍人之间的信任关系上，关系越亲近，转介绍的成功率就越高。微信也正是基于这种模式，将年龄、经历、生活方式相仿的好友聚集在一个平台上，好友间的消息推送有着天然的亲近感和信任度，所以就为微信营销打下了坚实的基础。

对微信用户来讲，它不仅仅是朋友间点对点的通信工具，更是建立彼此信任关系的平台。很多企业和品牌都在用微信公众号做营销，因为它们知道用户会因为这个平台而提升对产品或品牌的信任感。因此，微信营销有着其他互联网、移动互联网平台所无法比拟的营销优势。

随着微信用户不断壮大，越来越多的人会意识到这是一个大金矿。微信的一对一关系型目标消费者群体，以及微信本身所具备的LBS（基于位置的服务）定位功能，都让微信成为点对点营销的利器。利用好微信用户的关系和细分市场，借助点对点营销的精准特性，实现营销信息向购买行为的转化，这是企业微信营销需要驾驭的方向。

如今，移动社交应用已经形成风靡全球的趋势，那么，微信究竟存在哪些营销商机呢？

移动互联网的出现，在日益改变我们的生活方式，同时也改变了企业一贯的营销模式，迎合了时代的发展。在未来，不管是谁抓住了发展的趋势，就能抓住市场，而微信营销的出现与发展恰好就给了我们一个无限广阔的市场空间。

这是一本教你如何从0到1进行微信营销的工具书。在本书中我们介绍了微信的前世今生，讲述了微信给力的"人人传播"，意在使读者在对微信有一定了解的基础上，能够深入微信营销。每一章中，都有值得大家去认真思考的微信使用技巧。无论是大企业还是小企业，甚至是初萌创业想法的年轻人，只要弄明白了微信营销的核心内容，就能够通过这个平台来展示自己。

目　录

第1计　微信是一种营销工具
　　◇微信不只能用来聊天，还可以用来营销 003
　　◇微信营销的四大优势 005
　　◇微信平台撬起"新商机" 007

第2计　熟练使用微信功能
　　◇"摇一摇"，神秘之余摇来"优惠" 015
　　◇查找"附近的人"，让客户随时随地找到你 016
　　◇让陌生人愿意加你为好友 018
　　◇"扫一扫"让消费更简单快捷 020

第3计　一定要懂营销
　　◇让营销换一换角度 025
　　◇合理运用逆向思维方式 027

第4计　不要被微信营销案例冲昏头脑
　　◇不是所有人都适合微信创业 033

◇ 微信营销要摒除"三大迷信" 035
◇ 不要进入微信创业的误区 036

第5计　自我定位，找准方向

◇ 找到自己的运营模式 041
◇ 选择适合自己的产品 045

第6计　细节决定营销成败

◇ 线上线下齐推广 051
◇ 为你的微信推广造势 052
◇ 借助节日打造营销热潮 054

第7计　简单就是力量

◇ 微信功能不宜太复杂 059
◇ 产品是营销的关键 060
◇ 提高信息的"流转量" 062

第8计　利用朋友圈做生意

◇ 重视朋友圈的价值 067
◇ 把"朋友圈"扩展成微信商业圈 068

第9计　设置微信公众号

◇ 设计好你的微信账号 073
◇ 灵活运用微信公众号 074

第10计　尽早通过微信认证

◇ 尽快完成认证 079
◇ 微信公众号如何申请认证 080

目 录

第11计　多去微信营销群学习
　　◇活到老，学到老 085
　　◇蛮干和盲目地做营销不会有效果 087

第12计　了解你的客户
　　◇准确了解用户的需求 093
　　◇把重点放在老客户身上 096

第13计　拼的是投入和执行力
　　◇多做活动吸引粉丝 103
　　◇没有粉丝就没有客户 106

第14计　价值来自沟通
　　◇创造一个"劲爆"的话题 111
　　◇"接地气"是最好的营销 113

第15计　粉丝的质量比数量更重要
　　◇利用共同兴趣激发兴奋点 117
　　◇粉丝越多越好是一个误区 120

第16计　创作内容一定要有自己的观点
　　◇签名栏是一个很好的"广告位" 125
　　◇依靠内容打造吸引力 126

第17计　一切以顾客为中心
　　◇顾客就是"上帝" 133
　　◇一团和气好生财 136

第18计　重视互动

◇ 沟通是一门艺术 141
◇ 不要一味地推送绚丽的信息内容 142
◇ 不要忽视后台的互动作用 144

第19计　做好产品营销策划

◇ 餐饮企业的微营销 149
◇ 让顾客先体验产品 151

第20计　营销活动一定要有创意

◇ 营销活动要有亮点 157
◇ 激发营销创意的灵感 159

第21计　结合腾讯的其他产品一起用

◇ 对渠道资源进行整合 163
◇ 借助微博推广微信 165
◇ 微店也是一个不错的选择 166
◇ 依靠腾讯的力量进行推广 168

第22计　用好二维码

◇ 二维码营销 173
◇ 打造有个性的二维码 175

第23计　维护好客户关系

◇ 一流的服务带来一流的营销力 179
◇ 重视维护老客户 181

目 录

第24计　做好精准的关键词回复功能
　　◇ 设置自定义回复 ………………………………………… 187
　　◇ 不容忽视的人工回复 …………………………………… 189

第25计　不一定每次都推送文章
　　◇ 用好语音信息这个载体 ………………………………… 193
　　◇ 用视频向客户展示产品 ………………………………… 194

第26计　选好推送内容的时间
　　◇ 选择适当的时机推送消息 ……………………………… 199
　　◇ 精准投放广告信息 ……………………………………… 200

第27计　多学习一些写作技巧
　　◇ 写一些新颖、有意思的内容 …………………………… 205
　　◇ 内容要让粉丝接受并喜欢 ……………………………… 206

第28计　让公众号活跃起来
　　◇ 利用小号为公众号加粉 ………………………………… 211
　　◇ 用免费服务吸引客户 …………………………………… 212

第29计　记住那些优秀玩家的方法
　　◇ 多做一些团购优惠活动 ………………………………… 219
　　◇ 娱乐行业的微营销 ……………………………………… 222

第30计　拥有好的渠道很重要
　　◇ 口口相传更容易让人相信 ……………………………… 227
　　◇ 用小礼品吸引粉丝 ……………………………………… 229

第31计　微信营销靠粉丝

◇时不时地给自己放点"血" 235

◇搞一些大型的促销活动 236

第32计　请暂时忘记销售

◇微信营销同样需要诚信 241

◇不要盯着眼前的蝇头小利 243

第33计　注重团队经营

◇营销团队的重要性 249

◇凝聚团队成员 250

第34计　竞争对手是最好的老师

◇有营销就有竞争 257

◇双赢才是生存之道 259

第35计　不要急于见效果

◇用99%的时间去赢得顾客的信任 265

◇有责任才招好友喜欢 267

第36计　坚持最重要

◇严格地要求自己 273

◇微商都是"苦"出来的 275

第1计
微信是一种营销工具

有人问：微信是不是营销工具？你认为是就是，你认为不是就不是，一把刀你用它来切菜它就是厨房用具，你弃之不用就是一块破铁。不要与人争论，腾讯心知肚明。

第1计 微信是一种营销工具

◇微信不只能用来聊天，还可以用来营销

近几年最火的互联网产品是什么？答案毋庸置疑，肯定是微信。2011年1月21日，微信低调推出，仅用大约一年的时间，微信用户数就突破1亿，速度和规模让同行瞠目结舌。2020年1月，微信官方网站发布了2019年微信数据报告。报告指出，微信在2019年的月活跃用户数已经达到了11.51亿。

而微信最新版本的推出，更是让微信搭上了国际免费沟通、交流的便车。在这里，笔者想再一次重申微信的一大优势：免费。当然，这里所说的免费是在有网络覆盖的前提下。但是，如今是互联网的天下，又有几个地区是没有网络的呢？所以，直白来说，微信是一种免费的国际沟通方式。不管你在何地，微信都能连接到你我他。

说起微信的国际性，我们在这里要说一个小插曲：

一位居住在澳大利亚堪培拉的女大学生，她的名字叫乔安娜，你或许想不到她其实就是中国微信的忠实用户。她在注册了微信之后，便爱上了这个功能齐全且十分方便的沟通工具。在她居住的那个十分发达的国家，聊天软件、沟通模式有很多，但是乔安娜却称自己非常喜欢微信的那个集国际化、时尚、大气为一体的绿色图标。而且在使用中，她更是通过查找账号、搜索附近的人等功能来交到了很多与自己志趣相投的朋友。

当然，这还不是最神奇的地方。乔安娜平时很喜欢学习汉语，所以她通过微信查找了几个靠谱的中国朋友来教她汉语。更戏剧性的是，乔安娜正是通过微信认识了文杰，一个来自中国北京的男孩。起初文杰在微信上用语音来教乔安娜一些汉语，并且发送一些好玩的成语故事和图片讲解。后来，两人擦出了爱情的火花，于是微信就成为跨洋谈恋爱的工具。跨洋电话费有多昂贵，文杰和乔安娜都明白，好在微信有免费语音功能，两人的感情得以顺利加深。正是微信的语音功能让两人的爱情搭上了免费国际鹊桥。

半年之后，乔安娜来到了中国，找到了文杰，并且办理了来中国北京的留学手续。如今，两人幸福地生活在一起。

其实，我们在看完了这个小插曲之后都明白，是微信开辟了爱情的专线，也是微信让这两个人结合在了一起。从这点上来说，微信的国际沟通能力已经十分强大和稳定。

免费的语音通话功能、快速的网页浏览、图片传送等，这些功能都直接逼得先前的短信、飞信、米聊退位。甚至连与微信同属一个公司且功能相当的QQ也无法抵挡微信那来势汹汹的劲儿。

手机QQ是唯一一个有竞争力的对手，然而，QQ在沟通魅力和功能等很多方面还是输给了微信。首先，微信功能更为具体。在最新版的微信上除了有免费语音、图片传送、网页浏览之外，还设有"朋友圈""漂流瓶""扫一扫""摇一摇"等功能，让你以更丰富的方式畅游微信世界，感受全新体验。其次，用户可通过微信来关注一些公众号，以获取自己关注的商家最新消息，获得最新优惠。最新版微信还设立了"我的银行卡"功能，在这里，用户可以用微信安全支付来进行一步到位的网购。而移动QQ的内容和信息则比较混杂，且不具备微信的最新功能。最后，微信不管是在功能还是在外观上，都比较大气、时尚，更受年轻人、白领人士喜爱。

微信虽然比短信、QQ等沟通工具出现得晚，但是其势头却并不小。如今微信用户数已经突破了11亿，这代表了什么呢？说明微信几乎已经渗透了所有手机用户，成了一个备受欢迎的通信软件。当然，后来居上、势头猛烈的微信不只是在沟通工具上雄霸首位，更在营销方面有着不可取代的位置。

没错，微信的作用不只是聊天，它还能做企业营销。而这也是微信最独到且最具优势的地方。

与以往营销不同的是，微信用户大都是手机用户，而且微信是一个十分具有私密性的通信工具，不但私密性好，而且功能齐全。很多用户不但可以用微信与商家进行一对一的沟通、语音通话、图片来往，还可以进行交易，直接下单。所以，微信营销将是未来的一大趋势。

在微信营销方面，商家利用微信与客户进行交谈，有着零资费、跨平台沟通等优势，营销变得灵活、智能，而且还节省了成本。这对任何一个商家来说，都是一种不错的营销方式。比如，餐饮、娱乐、服装、互联网、金融等行业，这些行业的商家都可以很好地利用微信各种功能来做营销和宣传。

关于微信营销方式，商家既可以用小号来进行营销，与固定的一些老客户进行及时的沟通和畅聊；当然也可以申请公众号，建立一个微信公众平台，这样不但可以群发信息，还能根据自定义设置来进行特定回复。另外，商家还可通过实时对讲、视频等方式来完成更详细的用户咨询和沟通，让用户实现与商家零距离地接触。

因此，微信改变了以往的营销方式，商户不但可以在微信上发布自己的最新活动及产品信息，还可以直接卖东西。比如，随着微信版本的升级，很多保险公司看中了这个平台，它们开始在微信上卖保险。比如国华人寿，微信5.0更新之后，这家保险公司立刻从阿里巴巴的淘宝网转战微信这个公众平台。如今，在微信上卖保险还算比较新鲜，而国华人寿认为，正是微信在营销方面的成绩和效率吸引了他们，他们相信微信能够让他们的保险业务更上一层楼。

当然，那些服装店、KTV、酒店等都可以利用微信来营销。面对如此强势的微信营销，相信没有几个企业能够抵挡得住其"诱惑"。在某些旅行网的微信公众号上，用户只需要与商家直接沟通，就能快速预订酒店房间、找到最合适的旅游攻略。对商家来说，营销的一切任务和服务，从头到尾，都能够在微信上完成。而且最重要的是，不管是对企业还是对用户来说，这个过程都是免费的。

◇微信营销的四大优势

尽管很多人对微信营销并不看好，认为微信本身还存在如开放程度低、信息较为碎片化、商业兼容性有限等诸多问题，但是，这一切的不足，在庞大的用户量面前都可以被忽略。

就如同微博，最初它也并非是为了企业营销而设立的，但这并不妨碍目前诸多企业都把宣传、营销的阵地转移到了微博上。同样，正是因为微信产品本身有诸多不足，给一些企业设置了"门槛"，所以那些能够抓住机会的企业才可以在各种营销手段已经"玩烂了"的今天收获一些突破。有时候，只需要那么一点点突破，就能够成就一个企业。

之所以说微信更适合企业营销，不仅是因为它拥有数量庞大的用户群体。单从数量上来说，电视、网络媒体都能超越微信，但通过这些平台去做营销，有时候效果却不如后者。因为除了受众群体数量这一优势之外，微信还有更适合企业营销的四大优势。

1. 内容为王

营销离不开信息的推送，信息推送的形式越灵活、内容越丰富，就越容易吸引消费者关注。为什么投放到电视的广告费普遍高于纸质媒体（同等体量受众条件下），就是因为纸媒只能放置文字和图片，而电视则可以播放图片、文字及视频。

有人说微信其实就是手机短信，可事实上微信能够承载的信息量远远大于手机短信——文字、图片、视频乃至语音片段都可以成为微信传播的手段，而且这些信息可以在对方的手机中存留若干天，给受众带来的刺激是持续的。

2. 成本优势

往年过节的时候，很多人都习惯用手机短信拜年。但最近两年的春节，发短信的人明显少了，发微信的人多了。原因很简单，除了微信的发送更便捷、内容更丰富外，最重要的原因就是微信的发送成本非常低。

微信推送信息的成本到底有多低呢？以短信为例，发送一条50字左右的短信要0.1元，如果针对1000个接收者群发就是100元。而微信是按照网络流量收费的，以移动用户为例，如果花5元包20MB的流量，即可发20万条50字的微信，其成本相差了400倍。

所以，在单纯的信息发送成本上，微信所花费的几乎可以忽略不计。这对于企业营销来说无疑是一件大好事。

3. 受众优势

新营销讲究的是"定点打击"——花最少的钱定位最精准的人群。尤其是很多中小企业，花不起高昂的传统媒体宣传费，只有把心思放在"定点打击"上。

但是要做到有效宣传，首先要知道自己面对的是什么群体，他们在哪里，而微信正好可以解决这个问题。

根据腾讯官方发布的统计数据显示，微信的使用群体年龄层次主要集中在20~45岁，以都市白领为主（占总使用人数的80%以上），而且微信的使用频率在该群体中非常高。

这样的群体有鲜明的消费特点，企业完全可以根据自身优势去作出适当的调整，利用微信平台吸引对方关注。

4. 推送优势

目前很多营销的模式都是被动展示，比如广告就是非常典型的代表，无论是文字、图片或视频，它们就在那里等着别人关注。微博也是如此，企业发布完消息后，这条消息被什么样的人看到，完全是随机的。

微信的信息推送模式与手机短信类似，它的消息受众是可定向的，比如，你可以给自己微信号的好友主动发送相关信息。但除此之外，微信还有更灵活的信息推送手段，通过LBS（location based service）——基于位置服务来圈定附近的微信使用者，向他们推送信息。

◇微信平台撬起"新商机"

微信的推出，不但方便了人们互相交流沟通，更展现出了很多商机。比如微信营销就是其中最大的一个商机。商家可以借助微信这个平台，向关注自己的用户发送一些优惠信息并提供一些便捷服务，与此同时让自己的品牌得到宣传和推广。因此，有人称微信平台就好比是一个杠杆，可以撬起很多商机。

在这里，我们可以从七个方面来说明微信平台给企业带来的新商机。

1. 为企业用户提供微信营销服务

众所周知，微信在2019年的用户数已经突破了11亿，这个庞大的数字说明什么呢？说明微信中有巨大商机。因此，很多企业家纷纷利用微信平台来做营销。当然，这就涉及微信平台的运用。在这个过程中，有些人又从中发现了新的商机。要进行微信营销，就必须动手操作微信平台。但是有些企业却并不想花费时间和精力在这方面，又不愿错失微信营销这个机会。所以，创业者可以为这样的企业提供微信营销服务，为其代理微信营销工作，比如，办一家类似"一诺微整合"这样的微信营销公司，为广大企业提供营销服务。

就像淘宝代运营服务商一样，这些人可以帮助商家来完成详细、完美的营销攻略计划，让商家的产品在第一时间内通过微信的形式进行营销，推广出去。而且如今越来越多的企业，无论是大型企业还是中小型企业都开始青睐微信。所以，从这个角度来讲，微信平台带来的新商机可谓是前途无量。

2. 基于微信开放平台的应用开发

目前最新版本微信开放平台的应用开发已经让很多企业用户感到新鲜、奇特。企业只需要将APP接入微信，就可以和用户分享你的任何信息。其实，微信开放平台就是起到了一个汇集第三方内容的作用，可以促使用户分享信息。有关专家认为，在不久的将来，微信很可能会演变成为一种私人生活服务平台，届时，对用户来说，这样的平台将会更加便捷。

微信开放平台会帮助你将好的内容分享给好友。用户在企业的APP中看到漂亮的图片、动听的音乐等都可以通过微信开放平台来分享给微信好友。用户还可以使用企业的APP来直接查看企业提供的信息。

3. 基于微信的微页面制作公司

众所周知，在微信公众号上，企业可以通过内嵌网页浏览器来为用户提供浏览功能。试想一下，如果这种微页面的功能被强化会出现什么情况呢？

我们来想象一下：如果你通过扫描二维码加了附近一个美容店的微信公众号，然后，对方在微信上给你提供了一个微页面，你打开之后发现了自己感兴趣的一些内容，类似美容套餐、美容护理、熏香SPA、上门按摩优惠、发型设计等活动，那么你可以通过这个微页面上的一些指示进行自定义设置服务，比如你来这家店做美容的时间周期设置、在哪段时间内该做什么项目等。这样一来，到某个时间段的时候，该店会通过微信来提示你是否进行定期美容。如果你选择是，那么该店会再次给你一个微页面，让你预约时间、技师、预交定金等，然后直接完成交易。由此，该店就会有你的登记信息，到时候会自动上门为你服务，或者你可以直接去店里享受服务。

从这个方面来讲，微页面的发展空间太大了。而正因如此，也就会撬起很多商机。一些微页面制作公司就会兴起，帮助企业进行微页面设计、策划。这就像当初互联网刚刚兴起时，立刻出现了大批设计和建立网站的公司一样。因此，针对微信的快速发展,这个商机也充满了诱惑力。

4. 建立微信呼叫中心

我们都知道call center,这是一种电话呼叫中心的功能。客户通过不同的方式,比如电话、传真、电子邮件等方式来接入一个企业的呼叫中心,根据提示来进入系统,完成一系列查询。当然,用户还可以选择与人工客服进行直接交流,寻求帮助。很多企业也会根据用户需求,定期向客户发布一些新产品信息,通过呼叫中心来传出。针对这样的便捷服务,微信也有了一个巨大的新商机:建立微信呼叫中心。

5. 为微信提供个性化增值产品

微信5.0新版推出之后,不但开启了游戏、一键支付、扫描等多项功能,而且还被业界认为是商业化的新开端。而腾讯董事长马化腾却这样认为:"这些微信上的新应用,在之前是我们都没有想到过的模式,如今它却有了,这实际上是用户自己创造出来的。所以,微信的商业新发展还需要个人和合作伙伴来共同创造。"这番话给了创业者一个巨大的鼓舞。没错,微信的发展正在如火如荼地发展,所以新商机会不断出现。比如为微信提供个性化增值产品就是一个新商机。其实这个机会很大程度上取决于微信的页面按钮。在主页面上的这些按钮包括"微信""通讯录""发现""我"。而在这四个大的按钮下是不是还会出现一些细分化的按钮呢?是的,会有。当然了,还有一些更个性化的增值产品,比如皮肤设置、表情设置、动态头像、变声等等,这些内容中还会有很多的增值商机在等待着广大创业者。

6. 微信开放接口代开发或行业解决方案

这是一个对创业者来说十分有趣的环节。随着用户需求的多元化发展,用户的需求越来越复杂,而如何满足用户需求,并且能开发潜在客户,这是企业需要关心的重要问题。基于此,创业者就可以提出一些解决方案。比如针对学校,可以设立微信版的家庭会议功能,用微信来连接家长和学校,有助于家长实时了解学校以及学生情况;针对医院,可以设立医疗服务平台,如挂号服务、医疗咨询等。由于微信使用率高,大家随身携带智能手机,所以无论是在互动还是效率上,都能产生很好的效果。

7. 创建移动电商平台

随着电商的不断发展,商家越来越多地了解到客户的需求,为了让客户更加便捷地购物,传统电商越来越多地与微信合作。很多商家依托微信建立了移动电商平台,让用户可以随时购物,了解电商网站的一些最新优惠和特价商品。

随着微信营销的成功,越来越多的企业和行业涉足微信营销。微信5.3公布以来,各方面功能都发生了新的变化并有了改进,更有助于企业通过微信营销来进行发展。但是,是不是所有的企业都适合微信营销呢?什么样的企业才适合做微信营销呢?

很多企业只看到他人通过微信营销取得的成绩,而没有看到自身的不足,更不知道自己到底适不适合做微信营销。所以很多企业都盲目跟风,如火如荼地展开微信营销业务,很少有企业反思自己是否适合做微信营销,也没有找到适合自己的策略和方式,所以出现了这样一个现象:做微信营销的企业多如牛毛,而微信营销做得好的企业却是凤毛麟角。很多企业的老板更是病急乱投医,用做微博营销的方式来做微信营销,结果钱花了,也没有达到太大的效果。总之,商家在做微信营销之前,应先问一下自己:自己的企业是否适合做微信营销?怎么判断自己的企业是不是适合做微信营销?

有关营销专家表示,判断一个企业适不适合做微信营销,应当要从五个方面来判断,分别是:

(1)微信营销是不是有助于你的用户来购买产品,提高购买率?

(2)微信营销能不能为你的用户带来更加不同的体验和服务,让用户满意?

(3)微信营销能帮你的企业提高运营效率吗?比如,搜集用户的反馈内容、改善经营服务等。

(4)微信营销能不能为你挖掘到潜在的新客户?

(5)微信营销能不能实现企业的需求和传播?

满足了这五点,我们相信你的企业是可以用微信营销来发展的。众所周知,不同行业和领域的特点不同,而进入微信营销的初衷和方式也会有所差别。但是企业一旦加入了微信营销的行列,就需要结合微信营销的特点来发展。所以,从这个角度来说,不是任何一个企业都适合做微信营销的。一般情况下,适合微信营销的企业或组织应该具有如下几点特征。

第一,受众目标为年轻人的企业。

微信的使用群体年龄集中在20~45岁,利用微信推送信息的企业,所提供的产品和服务就应当主要针对该类人群。当然,这并不是说针对小孩子或老年人的产品、服务就不可以借助微信平台推送。比如保健品，或者幼儿服装、食品等，也可以利用微信平台推送。但这类产品相关信息的接收者多数也是年轻人，如果他们对产品产生兴趣并且发生消费行为，那么更多的是买来送给父母或者孩子。中老年人或者小孩消费的产品在微信平台上针对其直接推送的效果不大。

第二，受众定位精准的企业。

例如白酒、日化用品等大众消费的产品，利用微信平台推送的价值不大，因为任何微信公众号的粉丝群体都是有限的，几千几万人的规模不足以带动大众消费品的营销。

相反，对于很多受众定位精准的企业来说，微信是其营销利器——因为微信的特点是一对一，可以针对每一个客户的特点进行有针对性的信息推送，深度挖掘客户需求、维护客户关系，所以更适合定位精准客户，如培训教育业等。

第三，区域化经营企业。

微信一个非常大的特点就是LBS定位系统，可以查找附近1千米范围内的微信用户，这就为区域化经营企业提供了寻找潜在客户的便利。比如，一家餐饮企业，会在每天11点~13点、16点~18点这两个时间段，给周围的用户发送餐厅当天的优惠信息。如果正巧有人在附近逛街，不知道吃什么的时候，可能就会对这条信息产生兴趣。如果同时该餐厅还有团购，那么把团购地址也放在推送的信息里，效果往往会更好。

第四，经常举办各种优惠活动的企业。

有的企业因为产品特点和受众特点会长期或定期举办很多优惠活动，这时候如果借助微信推送优惠信息，可以比一般的产品或者企业宣传更有吸引力。

比如，当月折扣、会员优惠、特价促销、买一送一等促销活动虽然已经是众多商家用滥了的招数，但消费者却仍然买账。而微信平台的存在，让更多区域内或者对关注某品牌的人能够看到这样的优惠信息，针对性更强，效果自然也更好。

当然，尽管我们筛选了四种适合微信营销的企业，却并不是说其他类型的企业就不可以使用微信营销，而是在目前的情况来看，上述四类特色企业，在运用微信营销上有更天然的条件，只要运用得当，就可以最大程度地发挥微信的宣传效用。

第 2 计
熟练使用微信功能

微信的功能可谓是缤纷多彩,里面不只有"朋友圈""扫一扫",而且还有一个十分受年轻男女喜爱的"摇一摇"。

第2计 熟练使用微信功能

◇ "摇一摇",神秘之余摇来"优惠"

"摇一摇"这一功能的设置,让原本单调的聊天、沟通方式变得灵活多变,俏皮可爱,深受人们喜爱。

微信升级之后,"摇一摇"功能也变得更加受人喜爱。当你打开手机微信上的"发现"一栏,找到"摇一摇"就能轻松进入"摇一摇"的界面。这时,只要你晃动一下手机,轻轻一摇,就能迅速找到周边与你在同一时刻摇晃手机的人。因此,单就这种方式就让人感觉很神秘很新鲜,创新的方式丰富和拓展了人们的社交活动。

而对商人来说,每一个方式、活动都是做生意、赚钱的契机,所以他们也会充分利用"摇一摇"来开拓自己的生意往来。首先,他们会给自己取一个比较有吸引力的名字,比如"××店优惠券""××美容顾问"等,然后会不时地"摇"手机,在某一时刻会通过"摇一摇"来找到与他一起晃手机的用户,然后送出自己店的优惠券。比如,广东的阿金就通过"摇一摇"功能来"摇"到了一家美容美发店的优惠券。店家认为,这是一个神秘的送奖旅程,也是一次别样的新鲜体验,"摇"到优惠券的用户,会如同自己中了大奖一样高兴,毕竟这种概率是不高的。

"摇一摇"说起来很简单,就是当你开始打开该界面且摇晃手机时,即可找到同一时间摇晃手机的微信用户。因为彼此在同一时间做同样的事情,所以更容易打破距离感。

如果说查找附近的人适用于区域化的营销,那么"摇一摇"即可实现远距离的客户寻找和定位。

做厂房设备生意的李先生最近就通过微信的"摇一摇"功能成交了一笔业务。李先生从事设备销售三年多,以前的销售渠道主要是网络。自从玩上了微信以后,他就开始琢磨能不能用微信来拓展自己的客户群体。查找附近的人是个好功能，但查找范围有限，不适合他所从事的领域。不过他发现，"摇一摇"这个功能很有意思，每次都能发现不同地区的人，相比之下更适合自己。所以李先生每天都会抽时间摇晃几次手机，看看有没有合适的潜在客户。

当然，通过"摇一摇"找到的人很多，李先生不可能每个人都去加来聊天，那样耗费的精力、成本太大。他一般会关注对方的个人信息，对于那种十多岁或者看起来年龄很小的用户就直接排除，如果发现有从事电子机械或类似行业的，就加来聊天。并且他会在自己的个人介绍中详细说明所从事的业务，例如出售的产品类型、价格范围、型号等，便于对方判断是否需要。通过这种方法，几个月下来李先生真的借助微信联系上了一个客户，并且签订了十多万元的单子。

当然，除了利用该功能寻找客户之外，在一些现场或者线上的营销活动中，也可以利用该功能来增强活动的互动性。

"摇一摇"功能具体操作步骤如下。

第一步：在"发现"界面中找到"摇一摇"。

第二步：进入"摇一摇"界面，轻摇手机，微信会帮你搜寻同一时刻摇晃手机的人。

第三步：摇到的朋友，直接单击"发消息"即可开始聊天。

第四步：单击"设置"按钮，可以查看上一次摇到的人，也可以更换背景图片。

◇查找"附近的人"，让客户随时随地找到你

在微信上，很多用户对"附近的人"这个功能很感兴趣。因为使用这个功能，你可以结交与你距离最近的朋友，较之"摇一摇"，这是一种神秘感有过之

而无不及的功能。所以，多数年轻人都喜欢用这个功能来娱乐。

　　童先生和太太周末喜欢逛商场，有一次他发现自己去逛街的时候，有人通过微信查找到自己，对方是一家品牌服装店的经理，正好童先生购买过该品牌的服装，对该品牌有些好感，于是就加对方为自己的微信好友，也加了该品牌的微信公众号，通过这两个渠道，他可以第一时间了解新上市的服装，并且能从经理那里拿到比折扣价更低的优惠。

　　这个案例就是微信在营销上一种很好的运用，而促成这次营销成功的工具，就是微信中非常重要的一个功能——查找"附近的人"。

　　在使用微信时，系统默认的设置是大概的地理位置，可以被其他微信用户搜索到。这是个毁誉参半的功能，有的人觉得这样会暴露自己的隐私，有的人则觉得通过该功能可以认识附近的陌生人，拓展自己的社交圈。但无论怎样，对于企业来说，定位附近的人是非常重要的一个营销功能。

　　查找"附近的人"使用方法其实很简单，具体操作步骤如下：

　　首先，在应用程序列表中找到微信的图标并将其打开。在登录界面输入微信账号和密码。一般来说，登录过一次以后，系统会记住微信密码，除非更换手机，否则在正常情况下，以后再打开微信时无须再次输入密码，以方便使用。

　　登录微信后，在屏幕的最下方有四个按钮，分别是"微信""通讯录""发现"及"我"。其中，"微信"会提示你最近收到的新信息，"通讯录"中会显示你已经添加的微信好友及尚未添加但已经存在于手机通讯录或QQ好友中的人的微信账号。

　　若要使用"查找附近的人"这一功能，则需要单击"发现"选项。在"发现"中，即可看到"附近的人"的选项。

　　单击"附近的人"按钮，微信首先会确认你所在的位置，然后搜索周围1000米范围内的微信用户。用户名后面会显示这样几种信息：性别标记、个人介绍及和你之间的大概距离。

　　这时候，我们只需选择想与之交流的对象，即可查看他或她的详细信息并与对方打招呼。在附近用户列表的右上角会有一个"三个小圆点"的按钮，单击该按钮，会弹出一个菜单，其中有只看女生、只看男生、查看全部、附近打招呼的人等选项，通过这些选项你可以对附近的微信用户进行细分和筛选。比如，一家女士美体馆的客户经理在利用该功能选择准客户时，即可单击"只看女生"，这样能够更精准地定位。而如果你在使用微信时，不希望被附近的人查到，也可以单击最下方红色的"清除位置并退出"按钮。

◇让陌生人愿意加你为好友

微信的操作很简单，但是如何能够很好地运用查找"附近的人"这个功能其实很有技巧。因为我们虽然能够通过该功能找到附近的人并且向其传递信息，但我们更重要的目标是，吸引对方注意并持续关注自己的微信和企业公众号。所以在与对方初次打招呼时，需要对细节进行深度考量。

1. 推送微信的性别设置

根据我们的统计发现，一般来说，使用男性账号去和陌生人打招呼时，对方的回复率一般在5%~10%之间；而如果使用女性账号，回复率会达到20%~30%，效果相差3~4倍。所以在选择推送微信的性别时，可以尽量选择女性号码。

2. 推送微信的头像设置

一般来说，通过微信查找附近的潜在客户必须使用个人微信号码，而它毕竟有别于公众号，所以微信的头像可以不使用企业logo。我们建议使用个人照片作为头像，这样会更有亲切感。

当然，如果在网上下载一张美女照片做头像，可能会获得更高的回复率，但也容易丧失客户信任度，所以一般企业业务人员或者销售经理借助微信来找寻客户，最好还是用自己的大头照，只要得体、大方即可。若是美容美体或者休闲沙龙类的企业，则可以把头像设计得更美艳一些，以提升客户的兴趣。

3. 初次推送的信息

初次推送信息时，措辞需要尽量简洁并恭敬。比如："您好！我是××品牌服饰的客户经理小宋。××品牌专注于高端男士商务服饰，希望能和您成为微信好友，为您提供全方位的形象服务。"

字数宜在40～70字范围之间，简单说明自己的身份和能够给对方提供的价值即可。若对方感兴趣自然会加你为好友，如果提供的信息太多，反而会引起对方的反感。

4.好友添加后的信息推送时间

很多人在做微信营销时都会犯这样一个错误：只要对方添加了自己的微信账号就万事大吉了，接下来的事情就是定期推送信息，也不管客户是否有其特殊的需求。

然而，我们推送的信息并不都是客户需要的，如果推送信息过于频繁且又无法引发好友的兴趣，就会使对方感觉被骚扰了，进而放弃对你的关注；可如果推送频率太低或者时间不对，也会让对方逐渐忽略你的存在。

一般来说，如果是休闲、服务类的企业，比如餐饮、服饰、美体按摩等，可以选择在周五晚上或者周六下午进行1～3条信息推送。

如果是商务类的企业，售卖的是办公用品、企业服务等，则可以在周三、周四的中午或下午进行信息推送，相对来说被关注的概率会更高。

总体来说，每周推送1～3条信息即可。

5.好友添加后的维护

推送频率只是维护潜在消费个体的要素之一，如果你发送的信息是对方有需求的，即便频率高一些，他们也能接受。可如果你发送的信息对方认为无用，每周1条对方可能都会觉得很烦。

那么，如何让对方对你发送的信息更感兴趣呢？这就需要对对方的身份进行精准定位。

比如上一节提到的童先生，他添加了品牌服饰销售经理的微信，也在店内进行过消费。通过交流，该经理发现，童先生的商务需求比较高，他购买的衣服普遍都是社交、应酬时使用的，而且都是在品牌打折时购买。

掌握了这样的信息，我们就可以基本断定，童先生需要的服饰类型是：有品牌、有质量、穿出去有面子、款式成熟稳重、价格要求较低。一般来说，商务服饰每个季度有1～2套撑场面就足够了。

有了这样的消费特点素描，我们在给童先生推送信息时，就会更具针对性。只需在每次换季之前，给他发一些符合上述要求及适合他气质的服装图片和折扣价格就很好了。

◇ "扫一扫"让消费更简单快捷

"扫一扫"是微信的一个特殊功能,自从微信诞生的那天起,"扫一扫"二维码就成了微信的一大亮点。你只需要用手机摄像头扫一扫任何人的微信二维码,就能够显示出此人的详细微信信息。这是一个十分神奇的功能,正是由于这个功能,很多商家才纷纷设立自己的微信二维码,吸引用户去"扫一扫"。

而微信5.0版本发布以后,"扫一扫"功能也得到了全面升级。在新的微信版本中,"扫一扫"功能被分为5个板块,分别是扫描二维码、条码、封面、街景、翻译等扫描。

当然,这些功能可以相互配合。而且,这个功能为商家提供了许多机会。比如,你用"扫一扫"扫描条码,那么在你的手机上会立刻出现关于这本书的介绍以及定价,甚至还会引导你到当当、亚马逊等网站进行购买。而且随着微信支付的开通,你可以直接下单并且支付购买。很多商家更是抓住了这种契机,开始与微信合作,将自己的产品与微信的"扫一扫"结合起来。我们认为,"扫一扫"真的能够直接为商家带来生意。

另外,我们再说一下街景功能。微信5.0公布以后,在网络上流行着这样一句话:"街景扫描,查岗利器。"因为,当你使用这一功能时,扫一扫街景,就能知道眼前的方位以及商业信息。

当你站在一个陌生街区时,你只要拿出手机,打开微信,"扫一扫"眼前的街景,就能立刻看到这条街的具体位置、附近店铺、交通信息等。这感觉是不是很爽呢?所以,很多商店、餐饮店、服装店都会与微信合作,将自己的店址以及其他信息放到微信平台上,当用户"扫一扫"的时候,就很可能会扫中某家店。这也是一个生意契机。

而作为用户来说,使用这种"扫一扫"不但可以得到快捷、满意的免费服务,而且还能感受到刺激的移动体验。

针对"扫一扫"功能,很多商家,包括餐饮公司、服装店、虚拟电子商务公司,都会制作自己的二维码与微信加强紧密合作,吸引客户来"扫一扫"自己的

第 2 计　熟练使用微信功能

二维码。比如，你可以在很多店看到它们醒目的二维码，用户只需要拿出手机轻松、简单地"扫一扫"就能获取源源不断的商业信息。而且如果用户真的喜欢此商品，还可以即时通过微信进行安全支付，而这也是微信5.0的一大特色。

微信5.0不但有支付功能，还增添了与银行卡绑定的功能，而这种支付功能也是引起人们关注的一大热点。通过这个功能，我们不但可以绑定银行卡，实现在微信公众号、扫描二维码中的一键支付，而且还能直接接入腾讯的第三方支付平台。这样既安全又方便。如此一来，很多电商也都争相与微信合作。

在微信支付功能中，用户只需要先绑定银行卡，然后通过支付密码就可以实现快速付款买卖。这与财付通、支付宝等都是属于同一性质的，安全有保障，而且服务便捷。

如此一来，用户在使用微信的时候，不但可以与商家直接进行沟通、下单，还能付款、结账。而对商家来说，这也是一个巨大的赚钱机会。在公众号中，商家可以设立产品信息推送，以及定价、下单服务等项目，让支付方式和所买物品一目了然。

下面是一位女孩在麦当劳的微信公众号上购买一张茶点卡的经历。她在公司楼下的麦当劳餐厅发现了麦当劳的二维码，于是扫描了一下，很快就关注了麦当劳的微信公众号，成为其粉丝。然后她通过查询发现了麦当劳的最新优惠，可以通过微信支付来购买3元的茶点卡，她点击了这个功能。

很快，麦当劳微信公众号给她发了一个二维码。然后，她在下次去麦当劳时，打开手机，让服务员扫描这个二维码，不到一分钟，她就成功、优惠地买到了自己想要的饮料。

微信的这种支付功能在很大程度上冲击了支付宝等第三方支付企业。据悉，目前最新版的微信支付已经开通包含中国银行、农业银行、建设银行、工商银行等11家银行的接口，而且在微信支付方面，还包括机票、团购、充值、酒店预订等服务功能，这将在很大程度上增大电商行业的竞争压力。无论是商家微信公众号的购物链接，还是通过扫码直接跳转到购物页面，这都在很大程度上为用户提供了方便。

我们不得不说，微信5.0版本较之以前，在购物方面更加方便、快捷。有了微信支付功能之后，在所有移动购物模式中，微信也显得有底气了许多。甚至有专家认为，微信在未来将开启移动网购的全新时代。

第3计
一定要懂营销

微信的功能本身已经固定了,真正能使微信营销发挥作用的是使用微信营销后面的那个人。所以我们除了学会使用微信功能,真正要学习的是营销。

第3计 一定要懂营销

◇让营销换一换角度

在现实生活中,当人们遇到瓶颈而一筹莫展时,如果能换个角度考虑问题,情况就会有所改观,问题也就会迎刃而解。换一个角度看问题,往往能够带来新鲜的感觉,带来另一种分析结果,甚至改变自己的思维和判断,让自己的工作、生活充满活力。有些复杂的事物,你换一个角度去观察,它就会变得简单明了。所以,换一个角度看问题,往往能够带来思维和分析方式的"升华"。

下面的例子一个是个人营销,一个是企业营销,两个不同的案例将给我们很大启示。

案例一:2006年7月起加拿大送货工凯尔·麦克唐纳开始在一个名为Craigslist.org的交易网上展出自己的一枚红色曲别针,他希望用它换回一些更大或更好的物品。最终,他用这枚曲别针换回了一套双层公寓的一年免费使用权。麦克唐纳虽然没有换到别墅,但一个曲别针换来这些已经非常超值了。

案例二:动一动手中的鼠标就可以改变一座大楼的色彩,这有点不可思议吧!但是这确实是千真万确的事情。索尼公司为液晶电视"BRAVIA"推出了一个为期3个月的互动营销活动——"Live Color Wall Project"。活动期间只要你从索尼特设网站上播放的BRAVIA的视频中,用"玻璃吸管"形式的光标选择自己喜欢的颜色,"滴"在屏幕里的索尼大楼上,位于银座的索尼大楼墙面上的LED就会在瞬间变成这种颜色。获得2008年克里奥广告金奖的这个案例最大的看点就是互动,人们可以通过DIY的方式为索尼大楼染色,感受千变万化的色彩。

第一个案例近乎童话,一般人都不会去做这样的梦,因此第一个吃螃蟹的人将最有可能成功。当然这个卖点要够独特。麦克唐纳就是将一个不可能的事件，通过网络的无限放大而使之成为可能。

但这一独特卖点不可重复使用，那么如何复制才可能呢？首先，简单模仿是不现实的。就如同圣斗士里面的那句经典台词一样，同样的招数对于圣斗士来说是不起作用的。同样的创意完全复制一遍，第一次是经典，第二次则是垃圾。但如果稍加改变，则可能将别人的创意化为己用，取得二次营销的效果。记住不要简单抄袭。

下面来看国内一个模仿别针换别墅的营销案例。

> 2009年10月，在上海搜房网新港美丽园大酒店业主论坛中，一篇《帖子换房子夺宝大赛火热报名中》的帖子刚一亮相瞬间便吸引了网友的眼球，它不断刺激着购房者的神经：60万房子三折任你抢，另有19份近3万元的现金奖励。这总价值40万元的奖品可以说是上海所有网络活动中，奖项最大的一次！参与的过程很简单，只需要你来搜房论坛轻点鼠标，发帖转帖，便有可能让你的帖子成为"史上最值钱的帖子"。
>
> （摘自《势在策划》）

这个活动的影响力很不错，上海媒体的聚焦、网民的积极参与让这个活动很成功，也让这个新酒店名声大噪。我们将其视为别针换别墅的翻版，但在这个营销中，营销策划方对早前的案例进行了修正。这个修正很简单，举办方给出了奖励，也就是说，参与者中最终有人必然获奖，这以明确的结果来刺激网民和媒体。其实这就是将别针换别墅的过程逆转过来，不是以"帖子换房子"，而是以"房子换帖子"。奖品现成，只看谁来参与了。

再来看看前面介绍的案例二，这个案例的特殊之处就在于它同样做到了异想天开、奇之又奇。在这个营销中，最大的卖点就在于互动，让玩家不可能不想去改变大楼的颜色，这在过去根本不可能实现，而索尼提供了可能性。其实索尼不是第一次使出这个招数。或许很多人对索尼出品的PS系列游戏机有印象，它在最初推出此游戏机之时，在电视上播放了大量的电视广告片，电视广告片所有的场景中不可能实现的事件却被实现了，这告诉你，在PS游戏机上，你所有的梦想都可以得到实现。而这次，索尼将这一经典创意从游戏机推广上搬到了液晶电视推广上，将电视广告变成了虚拟加现实的双重结合。

同一主题的二次创意，让营销换一换角度、换一换思路，同样产生了极好的效果。

◇合理运用逆向思维方式

人生之路千万条，要想取得事业上的辉煌，向自己的目标进发，就必须大胆地多方位地探索，不盲从、不随俗，要对传统思维方式中错误的、陈腐的东西进行舍弃，要以全新的角度，去解决所遇到的问题。当改变不了这个世界的时候，就必须克服困难，改变自己。很多时候，网络营销推广较多采用正面的、绝对的模式进行创意，这样做很容易形成模式化的特征。比如手机企业进行产品推广，往往举行视频或短信大赛；游戏企业推广新游戏时，就找几个美女拍一些性感图片发到网上给游戏做代言，或者在网上到处赠送点卡、游戏虚拟物品之类来吸引用户；电脑厂商的网络推广就更简单了，它们先做一大堆的产品测评，然后"叫嚣"着自己的电脑速度多快价格多便宜……每个行业都有几乎固定的网上推广创意思路和方法，不同的仅仅是在内容或活动形式上的微调，这易导致网民对那些重复之后再重复的推广方式产生"审美疲劳"。

在营销创意的构思过程中，我们可能都经历过思维冻结的时候，忽然之间自己的脑子就不管用了，甚至到了"山重水复疑无路"的境地。这是因为，当我们的大脑太专注于某一事物时，人的创造性思维反而会受到抑制。此时，我们所需要的是一种能帮助我们在无效的执着之中摆脱这种迂回，回到充满灵感的创作中的方法。在这里，运用逆向思维方式，确实在某些时候发挥了"柳暗花明又一村"的功效。

通过以下案例我们不难看出，逆向思维如果运用得当可以产生巨大的效果。

2005年，一个《吃垮必胜客》的帖子，曾一度在网上热传。该帖的"出炉",针对的是当时人们普遍对必胜客水果蔬菜沙拉的高价极为不满,并提供了很多种多盛食物的"秘方"。许多人看到后感到非常新奇、有趣,跃跃欲试,"沙拉塔"的样式和建筑技巧在不断被创新,网民的参与热情和尝试热情不断提高,甚至不少人发了更高明的杰作并在网上炫耀,让自己成了众人瞩目的焦点。结果可想而知,随着帖子点击率的急速飙升,必胜客的顾客流量迅速增长。

可以这样认为,这是一次堪称经典的病毒式网络营销典范之作,其背后的黑手不是别人,就是必胜客自己。关于如何堆砌15层沙拉塔的《吃垮必胜客》一文,以帖子、邮件等形式,在网络上如病毒似的疯传,必胜客在幕后是请了专门的发帖公司和推广人的,这才让这个帖子,在几乎所有的热点论坛中都引起人们的围观。

人们在堆砌沙拉塔的欢乐中,早已忘记他们此行的目的是吃垮必胜客了。谁堆砌得更高,成为一种新的攀比目标。

(摘自《必胜客网络营销案例分析》)

这一事件营销的成功,关键在于必胜客对消费者"不满"时机的把握恰到好处。必胜客表面上采取背水一战的方式,不惜自毁形象,在网络上散布"不利于"自己的流言,实际上很准确地拿捏住了穴位和症结。在它自己主导的这样一次"自杀式"营销中,掌握了自毁的主动权,通过帖子,成功煽动起了消费者对必胜客食品价格的仇恨(注意:并不是对必胜客的仇恨),同时通过巧妙引导,让消费者对必胜客食品价格的仇恨不至于变成对它的抵制,而是让消费者用实际行动,去必胜客消费,通过有趣的堆砌沙拉塔的方式来发泄自己的不满,从而实现"吃垮必胜客"的可能。

结果,必胜客非但没有被吃垮,反而借助这个32元一份"只要碗能装,多少不限量"的自助沙拉,成功地赢得了大量的顾客。更为重要的是,它借此成功地趁其在美国市场上的死对头"棒!约翰"在中国市场立足未稳之际,将其红牌罚下。

这类逆向思维相关的网络营销并没有太多地出现过,原因很简单,很多传统

第 3 计　一定要懂营销

媒体担心自己掌控不好舆论方向，结果会反噬其身。尤其在中国，由于企业大多采取保守姿态，多一事不如少一事，因此更趋向于稳健的宣传方式。

在传统的网络营销推广者看来，这种推广模式也很难掌控住，正因如此，诸如必胜客这样的逆向营销就成为比较少见的案例，所以很容易直接把握住消费者的内心弱点，取得意想不到的效果。

有逆向思维是很正常的，每个人生命伊始，都是头向下而出来的，因此人类拥有逆向思维也是顺理成章的。从反方向思考，或把问题颠倒过来看一看，往往能导致别有一番洞天的见解。这种事例在日常生活和工作中很多，由于它灵活多变，能出奇制胜，"反其道而思之"，结果是取得意料不到的成功。

第4计
不要被微信营销案例冲昏头脑

不要被微信营销案例冲昏头脑,那些100万个粉丝的案例不真实,那些很真实的案例,你需要分析一下,他们投入了多少人力和物力。现在的营销案例忽悠人的多,自己认真去做好自己的微信运营。

◇不是所有人都适合微信创业

在当下，进行微信创业是一件前卫、时尚的事情。如果你说你不知道微商、不知道什么叫微信创业，可能别人会对你投来鄙视的目光，会觉得你已经落伍、已经与社会脱轨。既然这么多人在研究微商，这么多人在微信创业或者准备微信创业，那么，什么样的人适合微信创业呢？不管是正在做的还是准备做的，相信大多数人都没有仔细想过这个问题。

要探讨这个问题，首先我们来看看什么样的行业适合微信创业。根据微信当前的发展情况，以下几个行业比较适合在微信中创业。

第一，与互联网相关的行业。这类行业根据互联网的发展提供相应的服务、产品，当下较多。

第二，快速消费品及服务。如日用百货、餐饮、数码、家政服务等。

第三，长决策类的产品和服务。如汽车、教育、金融等。

以上几种类型的行业，在微信中已经兴起，而且有些发展得非常好，如日用百货，包括面膜、洗发水、护肤品等在微信中风生水起，创业者们做得如火如荼。但有些行业还处于尝试阶段，参与者比较少，甚至还没有开始经营。

不管做什么行业，大多数人做微商就是为了赚钱，可有时候还真不是你想赚就能赚的，需要根据自身的情况而定。

大军是一个中日合资企业的业务经理，年薪20万元左右。整天电话不断，应酬满满，有时候朋友找他吃饭、聊天他都没有时间。

有一次春节，他听说朋友在做微商之后特别感兴趣，非要尝试一下。朋友告诉他这个东西不适合他，他整天这么忙，哪有时间打理这个，到时候不但做不好，而且还会影响他的工作。

可能是出于好奇，他非要尝试。无奈，朋友让他代理了朋友的产品在微信中卖，并告诉了他具体的操作方法。

春节假期结束后的一个月,朋友打他电话询问经营情况,可打了好多次电话他都一直在通话中。晚上他给朋友回了电话,朋友问他:"这都一个月了,产品卖得怎么样啊?"

他有些不好意思地说:"实在不好意思,真的是太忙了,没时间经营啊,看来我真是不适合做这一行啊!"

显然,对于大军这类人来说,由于种种原因,他的确不适合做微商。即使做了,工作和事业也很难兼顾。

以下几类人比较适合微信创业。

1. 大学生

大学生相对比较自由,空闲时间较多。在学习好相关专业知识的同时,利用业余时间做微商创业,一方面勤工俭学,减轻家庭负担,提升生活品质,积累社会经验;另一方面为将来的就业做准备,学习相关经营观念和营销技巧,便于以后更快地融入社会。尤其对于一些学习经管、营销专业的同学来说,这也是一次实践的机会。

2. 初期创业者

微信创业门槛低、风险小,对于一些刚刚开始创业的人来说,这是一个非常大的优势。尤其对于一些刚刚建立的实体企业来说,利用微信营销还可以提升企业品牌的知名度。

3. 实体商户

由于电商的冲击,很多实体商户的生意已经越来越难做。经营网点,需要有一个人蹲守,对于小商户来说也是一个很大的投入。而微信营销就不需要这部分投入,只要有一部智能手机便可操作。另外,如果自己有货物资源的话,将具有很大的优势。

4. 自由职业者

由于他们没有固定的工作,进行微信创业也不会影响他们的生活,反而会给他们的生活带来不少的乐趣。一方面,可以拓展他们的社交圈子,这一点正好与他们的个性相符;另一方面,可以通过微信创业提升经济收入,何乐而不为?

5. 都市白领

朝九晚五的工作可能让大多数都市白领觉得厌烦,运用微信创业可以调整这种规律化的生活状态，激活自己的心态，认识更多的朋友。此外，还能提高收入。所以，微信创业较适合一些都市白领。

6.依赖网络工作的人

由于经常上网，他们可以了解到很多经营观念和技巧，更有条件将自己的微信号打理好。因此，这类人进行微信创业具有独特的优势。

微信创业的确有很大的市场前景和价值，大多数人是比较适合做微商的。但对于极少一部分人来说，经营微商可能会影响到自己生活的其他方面。对于条件适合的微商创业者，要根据自己的特点发挥出独特的优势，这样才能做好微商。

◇微信营销要摒除"三大迷信"

微信营销虽然是一种十分有前途的营销方式，但是并不等于完全依靠微信的几大特点和工具就能够开辟自己辉煌的未来。很多商家对于微信营销有其独到的一些实战经验和窍门。但是，这些经验也好，实战秘籍也罢，都需要用户坚持自己的特点，不可随波逐流。当然了，想要做到这一点，首先就要摒除"三大迷信"。

1.不要迷信他人

随着微信版本的升级，越来越多的商家开始做微信营销。但是有些商家却并不清楚该怎样来做好微信营销。于是，它们就一味地模仿那些已经成功的品牌，比如杜蕾斯、招商银行、星巴克等。看到这些商家在微信营销上做得好，不少商家开始眼红，模仿、抄袭全都来了。但是，这些公司做得好，并不代表你也能做好。它们的精华你是学不来的，就算模仿，你也只能模仿一个模式，模仿不来订单。做微信营销最忌讳的就是千篇一律，我们应寻找到自己的个性特点。因为行业不同，用户群就不同，那么消费者的心理、思想也就不同，所以不要迷信他人的微信营销多么优秀，只有做出自己的风格、格局，才能真正领悟到微信营销的本质。

2.不要迷信工具

如今微信营销十分火爆，于是有人就说："之前是WAP很流行，现在APP很流行，但总有一天会过时，那时，微信营销该怎么办呢？"其实WAP也好APP也好，都只不过是营销工具，企业需要做的是利用各种工具实现自己的营销目标。工具总是会更新换代，我们做营销的目标却是一以贯之的。

所以，不管你决定使用哪个工具，千万不要把这些工具当成自己的目标。

3. 不要迷信专家

如果你想要做一个成功的微信营销者，那么也不要过分地依赖和迷信那些所谓的"微信营销专家"。如今，在网络上有很多"微信营销专家"。其实，这些"专家"往往只是比你早进入微信营销领域，他们其实不过是能讲述一些简单的微信设置和功能技巧罢了。

真正的微信营销专家首先要在市场营销方面有很深的底蕴。因为不管是网络营销的什么形式，它们的灵魂都是营销，所以专家也一定要具备营销底蕴和经验才会可靠。其次，微信营销专家必须要对互联网的发展和趋势有一个很好的了解，这样才能将微信营销发挥出力量。

所以，商家不要因为贪图方便、急于求成，而迷信那些根本不知所以然的"微信营销专家"。其实，我们应当更多地相信自己。

◇不要进入微信创业的误区

微信的火爆，带动了一大批微商，他们利用微信创业获得了极大的利益回报。纵观微信创业者们，两极分化较为严重。有些人做得很好，月入近万元；而有些人却做得很差，月入百元。究其原因，主要是后者进入了微信创业的误区。

针对微信的特性和当前微信创业者所遇到的一些问题，微信创业主要有以下六大误区，创业者需主动规避。

1. 内容陈腐

做微商就需要发广告、做推广，这一点毋庸置疑。但是，广告发布也需要有一定的技巧，不要把电视中深夜播放的那种推销广告搬到这里，客户对那种形式已经厌烦；内容方面，不要完全都是产品广告，此外没有任何其他东西，这是微商推广宣传最忌讳的。这里，和大家分享一个案例。

第4计　不要被微信营销案例冲昏头脑

一个是微商A，一个是微商B，他们两个都是卖面膜的，但他们每天在朋友圈发布的广告信息却大不相同。

微商A发布的内容中，除了广告词就是广告图片，形式单一、乏味。比如，有一段广告词是这样写的："你还在为你脸上的小痘痘而发愁吗？你还在为你逐渐老去的面容而忧伤吗？你还在为你的蜡黄皮肤而暗自伤神吗？不要犹豫，不要徘徊，我的产品就是为你而造，今天订购产品者，直享8.8折……"

显然，他是模仿电视购物广告的形式而编写了一条广告，形式老套。尤其是不堪电视购物广告骚扰的人，对这样的广告很难接受。再看看他的图片，除了面膜的照片，就是一个女人使用产品前和使用产品后的照片。除了广告词和图片之外，没有任何其他内容。对于这样的微商广告，很少有人打开去看。

微商B发布的广告信息就很有意思。有时候他会从一个故事开始，进而引入他的面膜产品。图片除了面膜之外，还有一些自己拍的风景照。有时候在他的广告中还会看见一些笑话、励志故事等。总之，他发在朋友圈的广告内容很吸引人，点赞、评论的人很多。

这就是广告之间的区别，做得好，可事半功倍，做得不好，反而会使得客户越来越少，还不如不做。

2. 内容琐碎

打开朋友圈，我们会看到相当一部分内容都是日常琐碎的事情，吃个饭，先拍照发朋友圈；去一个陌生的地方，先拍照发朋友圈；等等。如果个人微信号只做生活交际使用，这没有问题。但如果你是微信创业者，那么，每天发这样的信息也会让好友对你产生厌烦情绪。

3. 沉默不语

有些微商每天除了发一些广告之外，就沉默不语，和朋友没有互动，这也是做微商的一大禁忌。在朋友圈中，我们要让朋友知道自己的存在。比如，当朋友发有意思的内容时，你可以点赞，也可以进行评论。这样互动就会形成，别人自然而然会对你产生好感，即使你的广告内容不吸引人，别人也会看一下。

4. 销售假货

有些微信创业者为了获得较大的利益，明知道是假冒伪劣产品，自己仍然抱着一种侥幸心态去代理销售，蒙骗亲朋好友。

对于微信平台来说，销售假冒伪劣产品肯定会影响微信的信誉及用户数量，微信作为运营商绝对不会不管不问。对于微商个人来说，影响将更加深远。首先，会失去亲友的信任；其次，影响个人品牌的构建，微商只会越做越难。

5. 盲目推广

有些微信创业者对自己的朋友圈很不了解，不管好友有没有购买能力、有没有网络购物的习惯，只管自己推广自己的，做了很长时间没有任何效果。因此，在微信做微商，首先要对自己的好友有一个深入的了解，然后有针对性地经营，如建立微信群，这样效果才会更好。

6. 不停刷屏

这是一种非常让人反感的行为，打开朋友圈，满屏都是一个人发的微信产品广告，并且内容大同小异，没有任何新意，相信很多人遇到这样的人会立刻将其屏蔽。因此，在朋友圈中发信息每天2条左右即可，不要超过3条，否则就会引起他人的反感。广告内容要有新意，采用多种形式发布，以增加新鲜感。

在微信中创业，要对朋友圈及好友有一个深入的了解，看清一些禁忌，避免走入一些误区，这样你才会比别人更优秀。

第5计
自我定位，找准方向

经常用微信向自己的朋友推销产品，这是错误的做法。这么做可能会让你失去这个朋友，如果你想用微信做生意，请重新申请一个账号，用来销售产品，千万不要向自己的朋友推销产品，这样会让朋友感到你这个人太没有人情味、太功利、什么都跟着利益跑，很多朋友都会离你而去。

第 5 计　自我定位，找准方向

◇找到自己的运营模式

在微信营销中，企业不能打无准备之仗。要想不打无准备之仗，就需要对微信营销加以精准的策划。

首先企业就要站好队、定好位。

企业一定要明确自己微信账号的定位，搞明白企业品牌吸引的粉丝是哪类人群、应该在什么地方增设什么样的内容、在什么时间段发送什么内容，这些才是企业应该着重去关注的。

比如，图途旅行这个专门为旅行人士设立的网站，无论从它的微博还是微信公众号上，我们都可以看出它的内容定位是一种典范。

图途旅行定期向粉丝推送的内容都是关于旅游的，而且图途旅行在微信上推送消息的频率并不是很高。除了有活动或者偶尔旅行生活之类信息的推送之外，在平常情况下，图途旅行很少会推送信息。因为该企业明白其定位已经很精准，而且关注它的粉丝也都是既定的旅行人士，所以多推一些没有意义的信息和内容都是无用的，还可能会引起粉丝的反感。

当然了，企业还可以通过自定义菜单来减少向粉丝推送消息的次数。在这些自定义菜单中放入一些子菜单，企业可将企业介绍、企业荣誉、企业产品等放入其中。同时也要准备一些活动接口，让用户积极参与。这样的策划方式也是企业对其微信公众号定位的一种方式。比如，我们以凯迪拉克为例。凯迪拉克对微信公众号的定位就很清晰，该企业很明白，关注自己的都是一些喜欢凯迪拉克汽车的朋友，所以凯迪拉克针对这些定位精准的用户策划了自己的微信菜单和推送的信息。

针对凯迪拉克的铁杆粉丝，该企业设立了自定义菜单系统，并且不会向用户随时发送一些垃圾信息。这样不但不会让粉丝感到厌烦，反而还会让粉丝更加灵活主动地去了解凯迪拉克。在这种自定义菜单中，凯迪拉克针对自己的粉丝设置了最新的车型介绍，以及关于凯迪拉克的最新活动。并且还开设了预约试驾的环节，更是让粉丝感受到浓浓热情。

当然了，定好位也并不是一件很容易的事情，需要企业向用户发送对信息。如果企业发送的信息内容不是粉丝所喜欢的，那么显然，企业就没有做好定位。如果企业发送的信息正好符合自己产品的特点、粉丝的需求，那么就说明企业在定位方面做足了准备。

如果企业能够站好队、定好位，那么吸引到的一千个粉丝，就相当于微博的十万个粉丝。这说明什么呢？说明粉丝的坚实度！没错，很多搞微博营销的人都知道"僵尸粉"大量存在，"僵尸粉"对企业而言根本没有任何作用，只是一个虚拟的数字。这个情况也同样适用于微信营销。微信公众号上的粉丝数量的确是一个重要的指标，但是企业也不能盲目地去追求粉丝数量，对企业而言，粉丝的定位精准才是最有效的。那么如何才能让企业获得的粉丝更加有效、精准呢？

> 山东济南一个规模并不大的餐饮店的老板开通了微信公众号，该店锁定目标粉丝为周边五千米的居民。首先，在公众号中设置了关于该店风格、特色菜、每个菜品营养构成、订餐服务等内容。另外，该店老板还特意每天都更新微信信息，在微信群里，每天向粉丝发送附近的一些新闻甚至天气等问候信息。
>
> 在推广方面，老板也充分利用了自己店里的资源优势，在饭桌上、墙壁上贴上该店微信号的二维码，还推出扫描二维码加为好友的优惠活动。同时，每天都推出一部分微信套餐，那些接到微信消息去店里消费的客户就有机会享受到优惠的微信套餐。
>
> 如此策划之后，这家店微信号上的粉丝已经达到了几千人。虽然人数不多，但是每个粉丝都很有效，基本上都会来店里消费，可以说这些粉丝中有80%是铁杆粉丝，而且每天都有新粉丝在不断增加。

这个事例说明什么呢？说明只要将自己的企业定位好，获得精准粉丝，有时候不需要那些庞大的粉丝数量也是可以的。而且通过这个事例，我们相信企业也会明白应该如何对自己的企业微信进行定位，无非是多下些功夫，多观察和分析客户的流量以及客户所关注的事情。那么，我们应该如何进行定位呢？

第5计 自我定位，找准方向

定位一：微信平台

微信平台是一个受众十分广泛的平台，从这里来定位，就要重视用户的关注度。在向用户推送信息的时候，要充分利用平台的便捷操作。借助微信平台就是我们推荐给大家的运营模式。

（1）公众平台运营模式——利用图文、视频、音频等方式来推广，并与用户展开互动。

微信公众平台有一个便捷的功能模块，在这个平台上，无论是企业还是个人，只要注册了公众号，就可以在后台操作，将文字、图片、语音等信息推送给微信用户，有效地和用户展开交流、互动。

（2）公开平台运营模式——将APP应用与微信结合在一起，或者直接将图文、视频、音频等推送给用户。

与公众平台运营模式相比，公开平台运营模式对企业、个人的技术要求就比较高了，因为它涉及APP应用，需要技术开发团队进行专业操作。不过也正是因为提高了技术含量，所以公开平台运营模式能够让用户享受到更便捷的服务。而且公众平台推送图文、语音等信息的功能，公开平台同样具有。

定位二：运营目的

用微信来实现某种运营目的，这是许多企业或个人经常选择的出发点。这一出发点能够明确企业或个人的微信运作方式，体现出不同的营销特色。根据这一定位，我们为大家推荐的营销模式有以下五种：消费推广、效果付费、会员卡、综合与媒体。

（1）消费推广运营模式——将线上用户转化为线下用户，实现消费转化。

随着互联网的发展，越来越多的用户加入了线上消费的队伍，这就使得线下消费的群体相应缩小了。而消费推广运营模式正是基于这一现状，为线上用户和线下用户搭建了一个平台，该平台能够将线上消费转化为线下消费，有效扩大消费群。

（2）效果付费运营模式——利用微信账号做推广，根据效果收取相关推广费用。

要知道，热门的微信账号也可以成为"赚钱机器"。如果你有一个非常受欢迎的账号，就可以为商家做推广，也就是打广告。例如，在自己的微信群中分享商户的信息，或者推荐电子商务购物界面等。推广效果的好坏，决定着你的收益的高低。

（3）会员卡运营模式——利用微信会员卡的模式，为用户提供优惠信息，由腾讯微信团队做后台辅助。

会员卡，一个让众多消费者心动的名词，从实体会员卡出现的那天开始，它就受到了很多人的追捧，发展到现在已经衍生出许多其他形式，例如，电子会员卡、优惠券等。微信会员卡就是众多新兴会员卡中的一员，企业通过微信会员卡的影响力，能够聚敛更多的粉丝，有效地宣传品牌。

（4）综合运营模式——利用CRM工具服务用户，并进行市场调研。

综合运营，顾名思义，就是企业要达到各方面都均衡发展的状态。这种运营模式的一大特点就是，能够运用CRM工具（一种管理企业与客户之间关系的软件系统）为用户提供服务，同时对市场有一个全面的了解，从而有助于企业不断地自我提升。

（5）媒体运营模式——利用媒体功能吸引用户。

一提到媒体，人们很容易产生信任、敬重等心理，这是因为媒体具有一定的公信力。利用微信将企业打造成一个媒体，那么其带来的收益将不言而喻。媒体运营模式就是这样一种极具吸引力的营销模式，在提升粉丝黏度方面具有重要作用。

定位三：内容与推送方式

无论是企业还是个人，要创造属于自己的品牌就要有独具特色的内容，并采取有效的形式推送自己的信息。从这一方面来定位，对打造自我特色很有帮助。根据内容与推送方式的不同，我们为大家推荐的运营模式主要有以下六种：单向订阅、目录选择、陪聊互动、服务应用、互动游戏和混合型。

（1）单向订阅运营模式——企业公众号精心编制图文资讯，每天早晚发送给自己的用户。

这是一种十分大众化的运营模式。就像平时订阅报刊一样，让订阅者在特定的时间内可以看到早报、晚报、周刊、月刊等读物上的信息。只不过我们将这种传统的订阅方式转变为新兴的微信模式，通过微信来为用户推送资讯。这种运营模式简而精，在固定的时间，例如早上或晚上的某个时段，为用户推送1~2条的信息内容即可。

（2）目录选择运营模式——先为用户推送目录，当用户回复后，继续推送阅读内容或企业信息。

我们都知道，目录的功能在于帮助人们大致了解信息内容，并提供可以选择的阅读方式。在微信营销中，目录选择运营模式就为用户提供了自主选择的空间。我们只需要将目录推送给用户，然后根据用户的回复继续推送相关信息就可以了。

（3）陪聊互动运营模式——公众号管理员利用微信会话功能，与用户一对一互动。该模式对人力成本有较高的要求。

微信有会话功能，与文字信息、图片信息等的传输模式比起来，具有更方便、更直观的推送效果。而且这种陪聊方式，有贴近用户、开发创意等功能，尽管人力成本较高，但是对增加粉丝具有显著的效果。

（4）服务应用运营模式——将第三方应用与微信联合在一起，用LBS技术将内容推送给用户。用户可以在公众号上查询相关内容，还可以直接下单购买商品。

服务应用运营模式主要是从服务用户的角度出发的，利用第三方应用来完善现有的软件系统，然后通过LBS技术获取用户的地理位置，进而将信息推送给用户。

（5）互动游戏运营模式——公众号设置简单的游戏，与用户进行互动。

游戏的特征是轻松、有趣，将它融入微信营销，既能够增加营销的趣味性，还可以体现商家特色，调动用户的好奇心，在成功推送商家信息的同时，收获众多粉丝关注。

（6）混合运营模式——将单向订阅、目录选择、陪聊互动和服务应用结合在一起，不断变换模式，为用户推送企业信息。

所谓混合运营模式，就是将前面我们提到的不同类型的模式有机地结合在一起。这种模式具有广而全的特征，能够根据用户需求变换不同的推送方式，不容易给用户造成死板、枯燥的感觉，是一种持续性很强的运营模式。

◇选择适合自己的产品

给产品定位，目的是让经营者选择适合自己、适合市场的产品，让消费者喜欢，提高微商业绩。那么，微商该如何对自己的产品进行方向定位呢？

我们以微商的属性作为入手处，探讨微商产品的定位与方向。

1. 微商的基础是信任问题

一些高质量、高品位和物美价廉的产品较适合微商经营，如高端奢侈品、中低端物美价廉的产品。

2. 高质量服务

微商有一个特点是关系性强、服务性强。所以，一些具有服务优势的产品非常适合微商经营。

3. 人流特性

微商依靠的是人流，而非信息流，且圈子固定，这决定了微商的赢利主要靠客户的重复购买行为。因此，一些重复性强、使用周期短的产品适合微商。

4. 用户高端

微商针对的大多都是一些对生活品质要求较高、时尚、有一定经济基础、购买力强的消费者。所以，一些单价较高、质量较好的产品同样适合微商。

5. 口碑传播性

由于圈子固定，所以微商的品牌维护主要依靠的是口碑。因此，一些性价比高的产品也是不错的选择。

6. 专一服务性

微商的沟通模式几乎都是一对一的模式。针对这一特点，一些个性化的定制产品也适合微商环境。

7. 资源匹配优势

有人说自媒体让世界变平了，意思是说资源匹配的成本更低了。那么，当很多人在做大众产品的时候，稀缺资源对微商来说无疑会更具优势。

以上7个产品定位方向是微商发展的趋势。然而不幸的是，有些创业者在定位产品方向的时候，常常以是不是"大批发商"为标准。这样做是盲目的，下面来看一个案例。

杨力在准备做微商的时候也不知道该做什么样的产品，有一些迷茫。他考察了很多产品，最终确定了两家，一家是在网络上很有影响力的批发商，经营的产品类型一般；另一家是没有什么名气的小商家，经营的产品类型很受消费者欢迎。

　　经过一个星期的考察，杨力最终选择代理后者——没有什么名气的小商家。原因是在这一个星期中，他向双方问了很多问题，后者非常耐心地给予解答，而且还教了他很多微商运营知识。而前者对他总是一副爱搭不理的态度，对他提出的问题，也含糊其词。

　　所以，杨力放弃了较有影响力的大批发商，选择了一个小商家。

也许有人会说他的选择是错误的。换句话说，不管服务态度怎么样，起码大批发商有影响力，对微商运营很有帮助。但事实证明，他的选择是正确的。因为微商是一个长期的事业，而不是一个短期的赚钱工具。因此，在选择产品的时候一定要以市场为主，而不要以上家的规模为主。

　　其实，产品方向定位最重要的不是以上所说的这些，而是要以客户为中心，就是说用客户的思维去定位产品，一切以客户的需求为主。特别是对于已经在微商经营中初试牛刀、有一定客户基础的经营者来说，更为合适。因为他们已经有了一定的微商运营经验和销售渠道。在市场变化迅速的今天，可以根据市场的需求来确定经营产品的方向。通俗地说，就是什么好卖就卖什么，卖什么挣钱就卖什么。

　　当然，如果你的经营理念比较保守，打算将一类产品做大做强，长期地做下去，那么就要从长远来考虑，从未来市场的趋势去观察，定位一个长期发展的产品类别。

第6计
细节决定营销成败

对于微信的内容来说,选择合适的图片很重要,可考虑经常去和自己相关的朋友圈里获取一些行业里的图片。做微信营销要重视细节。

◇线上线下齐推广

微信营销，想要达到一种丰收、饱满的状态，就要做好万全准备，不但要在微信平台上积极推广企业信息，还不能忽视线下的推广。事实证明，线下推广在整个微信营销中占据的分量其实还是很大的。

我们从一些大型品牌企业的经营案例中就能轻易地看出这一点：比如，唯品会这家大型的电商企业，在自己网站上卖的大都是一些品牌特价商品，不但质量有保证，而且客户买卖、退换货都十分方便。因此唯品会聚集了大量的忠实消费者。

为了进一步推广自己的品牌，唯品会也跻身于微信营销中，建立了微信公众号。而很多忠实消费者为了能够早一点获得唯品会的优惠、促销信息，也开始纷纷关注唯品会的微信公众号。

当然了，一个企业不能完全被动地等消费者来关注，必须要主动地发起营销推广。所以唯品会在线上展开了关于促销活动的积极宣传，给用户在微信上发送了一些优惠信息，与粉丝进行互动。这的确让唯品会得到了很好的宣传，而且通过这样的宣传，唯品会微信号聚集了大批的关注者，这些人大都升级为了铁粉。

但是，仅仅这样还不够，作为一个大企业，或者想要发展成为大企业的企业，必须还要注重更强大的营销。唯品会就是这么做的，为了让公众号的推广更加有成效，唯品会在线下展开了积极的推广活动。

首先，将微信公众号的二维码印在了各种宣传单、包装盒上，这样消费者在拿到任何与唯品会相关的实物时，都会发现这个二维码，只要拿起手机轻松"扫一扫"，就可以添加唯品会的公众号。

其次，唯品会还通过一些宣传活动来将二维码贴在了快递包装上，这样也能让消费者看到这个二维码，从而为微信公众号的推广做好了准备。

通过唯品会的这个案例，我们可以看出，想要做好微信营销，必须双管齐下，线上和线下一起推广，才能完善微信营销。

线上，企业要做好互动、定期的消息推送，让更多用户订阅你的消息，点击你的推送。还要借助各大节日等欢庆时节来送出一些奖品，让用户对你的公众号产生更大兴趣。

线下，企业要做好二维码的宣传，在任何同企业相关的物品上，都要印上醒目的微信二维码，包括产品包装袋、盒子、宣传画册、展销会宣传幅，甚至纸杯上也要印上二维码。

只有双管齐下，线上线下齐推广，才能更好地将微信公众号推送出去。否则，就算你是皇帝的女儿也会愁嫁的。

◇ 为你的微信推广造势

怎样给自己的微信造势？在这里，我们先简述一个事例：一个社区内正在进行纯净水的促销活动。当时，在社区大门前张贴的海报上就有明显的微信二维码，商家声称只要关注该纯净水的官方微信号，就能以5元的价格来抢购一桶纯净水。海报的确吸引了社区的很多居民，他们纷纷驻足打探，更有不少的居民竟然整箱地购买。

这不由得让我们思索，该企业展开这种关注微信号获得购水优惠活动的目的，到底是为了借助线下的推广来吸引粉丝关注微信公众号，还是借助微信的噱头来做单纯的促销活动。也许这两个目的，厂家都有。没错，从事情结果来看，这的确既吸引了用户关注微信，又进行了促销。但接下来的情况，却并不是那么理想。因为通过实际考察，我们从那些关注该企业微信号买水的用户那里得知，他们很快就取消了对该企业微信号的关注。这是为什么呢？

原来，关注该企业微信号的客户都有这样一个共同发现：在微信上，根本不能与对方进行互动，对方也丝毫不在意这一点。由此一来，关注者只能很快地取消了关注。

第6计 细节决定营销成败

所以，从微信营销的角度来讲，该企业并没有好好推广。而我们认为，想要为你的微信造势，需要注意以下几点，这也是为企业微信造势的5种重要方法：

1. 依靠多媒体的宣传

想要为你的微信公众号造势，其中一种方法就是通过一些媒体宣传来帮助和引导用户关注。比如，企业可以借助自己的官方网站、微博、电视台等平台，来为自己的微信订阅增加噱头。在能展示企业形象的地方，都要做好微信号的推广。只有媒体协调配合，才能让你的微信号推广出去，并且推广得有声有色。

2. 做好微信互动

就以上述的社区卖水活动为例，很多用户关注了该企业的微信号之后，并没有收到对方的任何互动和信息。这样一来，大多数用户肯定会取消对该企业微信号的关注。试想一下：如果从活动开始，该企业一直在微信上与用户互动，那么将会非常有利于粉丝对该企业的黏度关注，而这也符合企业的长远利益。因此，做好微信互动，也是给你的微信造势的一大方法。

3. 做好图文并茂的宣传方式

无论是线下还是线上的造势，企业都不能单一地用文字或者数字号码来向用户、消费者进行宣传。因为这样不但没有气势，而且无法吸引粉丝的眼球。企业需要以一些图文并茂的形式向粉丝推送消息，让粉丝在视觉上受到一定冲击。

4. 创意不间断，话题策划要有新意

想要为企业微信造势，需要的不只是技术和技巧，还需要创意。一个好的点子，不但能吸引人注意，还会带来一些好玩的互动，甚至粉丝会积极转发和分享你的新意。比如曾经有一家企业就做过"拍马屁"的活动，通过"拍马屁"来引起媒体的关注，从而让企业的微信以及企业品牌大火。

5. 产品促销引导人们关注微信

上述的社区卖水活动，其实就是一个很好的为微信造势的机会和方式。企业可以一边搞促销，一边宣传企业微信公众号。这样一来，企业得到了"双赢"的效果，可谓是一举两得。

◇借助节日打造营销热潮

在微信营销中,想要获得成功,必须注重实战技巧,而这些技巧很多都是顺时而为的,比如借助节日打造营销热潮。

对于这一点,很多企业都意识到了其关键性。企业策划师会不断观察用户的一些动态,为了宣传自己的品牌,甚至还会去揣测用户的心理。而在一些节日,用户对很多品牌的关注度会增加。这是为什么呢?第一,用户在节日时比较清闲,节日是一个十分适合购物的时间,所以商家会在这时推出一些优惠活动,吸引用户去购买商品;第二,用户在节日期间会选择给朋友、家人送礼物,而这更助推了节日的品牌营销热潮。

而在微信营销方面,商家更是不会放过这个大好的时机。所以,想要打造成功的微信营销,一定要抓住节日期间、借助节日氛围来营造一股营销热浪。

比如被众多粉丝关注的星巴克微信公众号,就曾经在2012年圣诞节期间推出了"魔力星愿店"的微信主题营销活动。在这期间,凡是关注星巴克微信的用户都可以通过微信互动来获得星巴克提供的独家优惠券,而星巴克每天推出的优惠都有不同的内容。比如用户可以通过微信互动赢得星巴克的限量版咖啡杯、咖啡粉、咖啡豆等。同时,只要回复数字,就可以获得星巴克的专属手机壁纸。可谓是优惠多多,令客户十分喜爱。

最终,星巴克在节日氛围下打造的营销热潮取得了很大成功,其粉丝的活跃度也变得非常高,而且通过微信前去星巴克咖啡店消费的用户数量也有很大增长。

因此,我们认为,顺时而为,借助节日是一个不错的微信营销实战技巧。在2013年七夕期间,很多服装店、珠宝店、花店都推出了各种各样的微信促销活动。每个关注这些店的粉丝都会收到来自它们品牌微信公众号的优惠信息,甚至还有些企业在七夕期间送大奖,让用户有机会赢取豪华旅行套餐。当然,这种借

第6计 细节决定营销成败

助节日促销的微信营销也的确取得了不错的成果。

而在2013年的中秋节期间,有一些企业更是做足了微信营销的功课,在微信营销上绞尽脑汁,设计了一个又一个的优惠活动和具有节日气氛的宣传主题。比如,位于北京的天伦王朝酒店在2013年中秋节前后推出一系列的中秋节抽奖活动,在抽奖活动中,不但可以获得价值几百元的精美月饼礼盒,还有可能收获其他更大的惊喜,只要关注天伦王朝酒店的官方微信,就有可能获得这个意外大惊喜。

而这样的微信营销活动,一些酒店、旅行社、品牌糕点店、珠宝店等都驾轻就熟。它们借助节日的氛围来取得庞大粉丝团的关注,不但宣传了自己的品牌,同时赢得了粉丝的信任和好评,还获得了利益,可谓是一举数得。

第 7 计
简单就是力量

不要把自己的微信公众号变成万能的功能应用,可以免费听音乐、机器人陪聊,这些功能只会淡化企业核心价值。请删掉这些功能,简单就是力量。

第7计 简单就是力量

◇微信功能不宜太复杂

在微信功能方面，我们知道除了"附近的人""扫一扫""摇一摇""通讯录""朋友圈"等功能设置之外，还有在公众号上的一些推广功能。如此之多的功能，其实没有必要去全部尝试和应用。

企业想要运营好企业的微信公众号，首先就要明确每一次沟通、互动的对象是谁。你的用户是不是对你的企业有所了解？对你的信任度又有多高呢？这些才是你要考察的重点，而不是思考怎样给自己的公众号设置免费音乐、机器人陪聊等这些功能。因为这些额外的功能只会淡化企业的核心价值，并不能让企业真正地传达出自己的本质和特点。

很多微信营销专家认为，一个将自己微信公众号装扮得花里胡哨的企业必定是庸俗、不入流的企业。

有些企业将公众号的功能设置得十分齐全，为的就是博得用户的青睐。的确如此，有些用户就是奔着你的多姿多彩去的。但是我们讲"好花不常开"，如果你的企业没有内涵，只有表面，那么用户会很快"溜"掉。如此一来，企业根本留不住铁杆粉丝，有的只是虚幻粉丝大军。

因此，企业想要在微信营销方面获得成功，就要将那些免费听音乐、机器人陪聊等环节果断删除。正所谓简单就是力量，简简单单，才能彰显企业的真正实力。

当然了，删除了这些琐碎的功能之后，企业如何才能在微信营销方面出彩呢？那就要重视企业的营销模式：沟通、互动。没错，企业需要与客户进行良好的沟通和互动，才能留住他们，顺便吸引更多的客户。

有这样一家健身俱乐部，在自己的微信公众号上将能添置的功能都齐全地备好了，包括免费听音乐、机器人陪聊等。每个进入该企业微信公众号的用户一开始都享受到了尊贵待遇，比如送上开场音乐、根据菜单提示进入有

059

需要的互动环节。但是，当用户进行这些流程时，发现这个俱乐部对用户提问的回复十分机械化，宛如一个机器人在那里与用户对话。而且很多用户提出了一些关于健身的实际问题时，该企业都没有进行柔性互动，只是机械地让用户进入菜单，根据提示来互动。很快，原本有几千人的粉丝，几天之内就下降到了600多人。

类似这样的案例其实还有很多。因为这些企业只注重工具、功能的设置，而忽略了真正与粉丝进行诚心交流和互动。

再者，有时候，企业将微信的功能设置得太过复杂，自己在处理与用户的互动、沟通时也会表现得手忙脚乱，不能专注。事实证明，简单就是王道，简约就是丰富，简洁就是力量。因此，对企业来讲，在设立公众号时，功能不宜太过复杂，应尽量突出自己的特点，重视与粉丝的真诚沟通，简简单单才最好。

◇产品是营销的关键

任何一种商业模式，都离不开产品，而且任何的商业交际、交易几乎都是围绕产品而展开的。同样，在微商中产品也是一个非常重要的因素。有时候微商做得好不好，可能与一些技巧、策略没有多大关系，产品才是关键。

对于很多准备微信创业的伙伴来说，选择产品是一个非常重要的环节。如果产品选择恰当，那么在微商这条路上会走得更加平顺一些。否则，如果选择了一个偏门产品，就会让你走很多弯路，即使你投入再多的时间与精力，做起来也是事倍功半。那么，我们该如何选择适合自己的产品呢？

最重要的一点是，不要盲目跟风。看到上家卖什么自己就跟着卖什么，这是一种愚笨的做法。因为你不知道产品质量如何、是不是正品、效果如何、会不会产生副作用等。很多创业者都只是不见货的代理，无法或者没有能力去辨别。

小丽是一个微商，她现在代理着韩国一个品牌的化妆品，客户稳定，业绩也在不断增长。可很多人不知道的是，她在微商中也曾走过很多弯路。

第7计　简单就是力量

起初，她和很多刚开始创业的人一样有些兴奋又有些迷茫。兴奋的是，她可以真正开始创业；迷茫的是，不知道如何选择产品。最终，在朋友的介绍下，她选择了一个面膜品牌。上家对她说，你只需要在微信朋友圈中发布我发布过的信息就可以了，卖掉就可以拿提成。她也不是很懂，就这样稀里糊涂地跟着上家做。刚开始销量虽不是很好，但或多或少可以赚到一点钱。

直到有一天，一个买过产品的好友责怪她说面膜有副作用，质量很差，并劝她不要再做了。紧接着，越来越多的客户找她"算账"，说他们用了面膜之后产生了副作用。小丽将问题反映给上家，上家却找出各种理由不给解决，最后还屏蔽了小丽。

最终，由于好多客户都是她的好友，听说这种情况后，也都没有和小丽计较。小丽的面膜自然也卖到了尽头。

总结经验，汲取教训，一个月之后她准备重新代理一个品牌，就是现在所代理的韩国某化妆品牌。在决定代理这个品牌之前，她首先试用了厂家的产品，咨询了使用过该产品的消费者，反应都不错，才最终交保证金确定了代理权。

俗话说："吃一堑，长一智。"一个人跌倒一次再爬起来时，会成熟一点。话虽这样说，但我们跌倒之后必然会比人家晚一步，付出的代价会比别人多一些。如果我们选对产品，就会比别人快一步，比别人更有竞争力。在选择产品时，需要注意以下几点。

1. 选择正品

产品一定要是正品货源，有完善的售后服务和运营机制，这样即使产品出了问题，也能够很好地解决。

2. 亲身体验

在确定产品前，要亲自对其进行试用体验，如案例中的小丽一样，亲身了解产品的特性、效果，看是否有不良反应，最后再做决定。千万不可盲目地去看一些广告，否则会影响你对产品的判断。

3. 选择自己喜欢的产品

俗话说："兴趣是最好的老师。"当你对产品感兴趣的时候，你才会全力去做。即使过程很辛苦、很累，你也是愿意并快乐的。不要盲目跟风，看到别人做什么你就做什么，当产品不受你喜欢时，一点点挫折都可能会将你打败。所以，选择自己喜欢的产品，做一个快乐的微商。

4. 避免被诱惑

一些企业在找微商代理的过程中，开出了很诱人的条件，如奖励汽车、手机、电脑、国外豪华游等等。对于这类承诺一定要头脑清醒，眼睛不要只盯着那些奖品，奖品也只有当你达到一定业绩之后才能获得。把目光放在产品上，回归本质，了解产品是否适合自己，这才是重点。

除以上几点外，具有这样几种特点的产品切记要慎重选择：产品质量有问题的、客户反应不好的、能非常容易买到找到的，这些商品要慎重选择。

◇提高信息的"流转量"

在这个全民微信的年代，微信营销以不可阻挡之势迅速发展起来，形成了一种新兴的营销模式，而微商们也在微信中建立起了自己的"商业帝国"。同时，有关微信朋友圈创业的美丽传说也广为流传，微商被认为是发发微信就能月入上万的掘金一族。

当然，由于有了社交平台以好友为基础的特质，只要你提供了质优价廉的产品，转化率还是相当高的，而且复购率也高。

曾经有人做过测试，凭借好的文案与好的营销，可以达到3%的转化率，这是相当惊人的。这意味着，当100个人看过以后，就会产生3笔成交。如果10000人看到，即有300次成交。所以，我们经常在朋友圈里看到，有微商截图月流水10万元，甚至100万元，这不是空想，这是已实现的梦想。

凭借着营销成本低、用户基数大、传播范围广、足不出户便可推广与销售，社交平台成了微商的"风水宝地"，加之微信的低门槛、低成本，吸引了越来越多的人将朋友圈变成"货柜"。微商的魅力在于，一部手机稳控全局，手机在哪里，你的卖场就在哪里；手机在哪里，你的办公室就在哪里。正因为如此，越来越多的人涌进微商的行列。微商这门生意似乎既有潜力，门槛又很低，家庭主妇、开实体店的小店主、想兼职赚钱的上班族都能进来一试身手，而且不少人似

第7计　简单就是力量

乎都收获颇丰。

微商相对于传统的商业来说，有着明显的商业价值。首先，它能打破区域限制，传播快，且可移动性地实现销售渠道新突破。其次，做微商的投入小、门槛低，只需个体行为。它弥补了传统市场与电商市场的渠道费等成本高、人员管理要求高、投入成本回收慢等问题，不仅可以快速铺开销售渠道，还可以用低成本迅速将广告铺开。所以无论是个人创业还是传统企业进行营销，微商都是值得去做的途径。

有些人在朋友圈中发布一条信息后，读者仅仅是自己圈子的朋友；而有些人在朋友圈发布一条信息后，读者却是朋友圈好友的数倍。究其原因，是后者的信息被好友进行了转发。

试想一下，如果在微商经营中，发布的产品信息能够被好友转发，就会有更多的人看到，自然就可能会赢得更多的客户。转发量越多，赢得的客户就会越多，这对提升微商业绩有很大的促进作用。

　　王东有一个非常成功的做健康管理的微信朋友，在国内健康管理界有一定的知名度。王东经常关注他的微信朋友圈，因为内容很有意思，很吸引人，有时还会转发到自己的朋友圈，与好友进行分享。

　　一次，在王东与他聊天的过程中，对方问王东："你猜我现在的微信好友有多少？"

　　王东想，他这样走南闯北，而且这么有名气，朋友圈好友一定不少，就说："800个。"他摇头说："你也太小看我了，告诉你，我现在的微信好友快接近2000人了。"

　　王东惊讶地问："你怎么会有这么多好友，传授一下经验，你是怎么做到的，这对我做微商很重要啊！"

　　他说："其实也没什么，就是信息流转量。"随后，他向王东讲述了微信朋友圈信息流转的重要性，还骄傲地告诉王东，他的朋友圈内有很多朋友是王东朋友圈里面的。后来王东整理了一下自己的朋友圈，的确与他有很多共同好友。

　　对于做微商的王东来说，这件事告诉他，信息流转量对提升好友数量的重要性在于能够让更多的人看到你的产品信息，提升微商业绩。

之后一段时间，王东开始研究在发布微商产品信息的同时，如何提高信息流转量。首先，王东说服一些要好的朋友和客户对产品信息进行转发。效果有，但不是很明显，对朋友的吸引力似乎不是很大。

随后，王东将注意力放在了信息内容上，在尽可能详细介绍产品信息的同时，加入一些生活哲理性的知识和故事，甚至一些小感悟。有时候王东还会配上一些可爱的、具有生活意义的漫画。类似这样的微商产品推广信息，出现了奇妙的效果。很多朋友给王东留言"转发了，很喜欢""不错，转了哦"等信息。要知道，这样的转发完全是自愿的，并不是被王东说服或要求的。当然，在这种情况下，信息流转量上去了，阅读量上去了，主动加王东为好友的陌生人（或者说是客户）也越来越多，微商业绩自然也有了迅速提升。

即使你的朋友圈好友寥寥无几，只要信息流转量上去了，粉丝量也会上去的。显然，哲理性、励志性的内容加微商产品信息更容易被好友转发。

第8计
利用朋友圈做生意

认真分析自己的行业,是否需要用微信公众平台。其实很多中小企业和个体老板,只要利用微信朋友圈就可以做生意,比如理发店、美容店、饮品店、快餐店等等。

◇重视朋友圈的价值

对于微商而言，朋友圈的商业价值是人们有目共睹的。在微信朋友圈中，微商可以展示、传播产品信息，可以回复客户的评论、问题，可以进行交易。所以，朋友圈自然而然成了微商的主战场。

对微商而言，朋友圈的商业价值主要有以下几个方面。

1. 产品展示

能够进行全方位的产品展示是朋友圈的价值之一。在这里，我们可以用各种不同的方式将产品展示给好友。

比如，用文本的方式，写一篇关于产品的推广文章，或者关于产品的故事，或客户案例等，来体现产品的价值。

最常用的方式是文字+图片，这是朋友圈最常见的一种产品价值体现方式。此外，用视频、语音的方式进行产品展示往往也能够取得较好的效果。

2. 品牌传播

一个产品诞生之后，需要让更多的人知道，知道的人越多，品牌的价值就越高。而朋友圈就具有品牌传播的商业价值。

> 马丽是一个大学毕业生，看到朋友们微商做得风风火火，便开始了微商创业，代理了某品牌的面膜。
>
> 由于没有什么经营技巧和经验，所以每天只是在朋友圈中刷屏。她的刷屏方式很简单，编写一些产品信息，放上几张产品图片，然后便开始不间断地在朋友圈中发布信息，而且发布信息的频率很高。

当然，案例中马丽经营微商的方式是错误的，销售业绩一定微乎其微。我们相信，大多数人遇到这种情况都会将其屏蔽。但某品牌却获得了利益，因为马丽在朋友圈中不断刷屏，使很多人记住了这个品牌。这便是朋友圈对于品牌传播的价值。如果我们有技巧地在朋友圈中传播商品信息，客户就不会将我们屏蔽。久而久之，我们的品牌价值会越来越高。

3. 客户挖掘

这是朋友圈最基本的商业价值，因为我们在微信中做微商，目的就是要找到客户，然后将产品销售出去。如果朋友圈中没有客户，那么它也就没有什么商业价值了。

在朋友圈中，我们可以找到准客户、意向客户、潜在客户，还可以培养边缘客户。通过沟通赢得客户的信任、积累情感关系、与客户成交，这些都是商业价值的体现。

4. 招商代理

传统的招商代理方式是企业通过招商函、招商会来招代理，提升产品销量。如今，我们在微信朋友圈中可以看到很多招代理的朋友，对于一些做大做强了的微商经营者来说，似乎他们一直都在招代理。

对于企业来说，这个模式最能体现出朋友圈的价值。之前，它们大多都是通过一些传统的方式进行招商，如今通过朋友圈就可以进行大规模、大面积的招商，成功率也自然会高很多。

朋友圈成为微商的主战场这已是不争的事实。要将朋友圈的价值充分利用起来，除了把握好以上几点之外，随着微信版本的更新完善，还可以发掘出更多的商业价值为自己所用。这需要每一个微商经营者根据自己的产品去适配。

◇把"朋友圈"扩展成微信商业圈

微信的功能十分强大，它的魅力也让人无法抵挡，微信的众多功能已经改变了我们的生活，让我们的生活越来越美好。说起微信的功能，不得不说的就是"朋友圈"。也许你认为，它与QQ空间差不多，又或许与微博不相上下。的确，这是朋友之间相互展示最新动态的一个领域，但微信的"朋友圈"却有着别样的魅力。

首先，打开微信，并且点击"发现"，第一行就是"朋友圈"，点击并进入

第 8 计　利用朋友圈做生意

"朋友圈",赶紧去看一下你的好友的最新状态吧。

在这里,你不但可以看到好友的最新状态,还能对好友的动态进行评论。比如,你看到好友的某张照片非常漂亮,你可以进行评论,如果你不想写文字评论,也可以点击"赞"表达自己的赞赏之意。

当然了,"朋友圈"的功能不只这一点,你还可以点击右上方的相机图标,自己拍照或者从手机相册中选择照片上传分享。

当你在"朋友圈"中发送照片时,你可以选择一定的条件设置,比如,你可以选择你发的照片是公开或者是私密的。选择公开,那么你的好友都能在第一时间看到你的动态,私密就只有主人自己可以看到。另外,你也可以选择"@"别人,提醒对方来观看你的照片。也许,你拍了一张很私密的照片,只想把它分享给你的爱人,那么就可以尝试用这个功能"@"一下他(她)。当然,你还可以选择显示你的具体位置,如此一来,对方就能看到你的这张照片或者你的这个动态是在什么时间在哪个位置发送的。这甚至可以让你的好友迅速找到你,与你一起共度欢乐时光。该功能也可以与微博、QQ空间相互绑定,将图片同时发送到微博或者QQ空间中。这样十分方便,而且能让更多人分享你的心情和照片。

不仅如此,在"朋友圈"里面,你还可以发送音乐,与好友一起分享动听的旋律。微信5.0版在"摇一摇"的板块里有一个叫作"摇一摇搜歌"的功能,只要摇动手机一下,就可以摇到一曲动听的音乐,还能迅速地将其发到"朋友圈"里,与好友一起分享美丽心情。

当然,在"朋友圈"中,你不但可以分享图片、音乐、心情,还能够分享网页链接、经典美文、视频等内容。可以说,可分享的信息前所未有的多样和齐全。你不但可以在微信上转发QQ空间、微博日志的内容,还能打开一些新鲜、好玩的链接。当然,在"朋友圈"中,用户也可以将一些企业微信公众号以及最新产品信息和活动分享给好友,让好友也一起享受微信带来的更多丰富多彩的内容。

第9计
设置微信公众号

在微信营销过程中,如果企业不能做好万全的准备和精准的策划,那么营销只能是镜花水月。如何做好微信的营销策划呢?在微信公众平台设置方面,企业要尽快定好位,完成认证,享受搜索排名等。

第9计 设置微信公众号

◇设计好你的微信账号

微信公众号和我们平常使用的微信号不太一样，平常使用的微信号是通过手机下载微信客户端，然后注册的，可以绑定自己的手机号或QQ号，它就是个人的微信交流平台，可以收发微信，运用定位及所有一切微信自带的功能。

公众号的作用更鲜明，它是一个企业或者个人品牌的宣传平台，注册微信公众号以后，可以利用电脑进行信息的发送和用户管理操作。所以，对于微信营销来说，我们要做的第一步就是注册一个微信账号。

在注册微信公众号的过程中，在填写公众号信息的页面中，会要求用户填写账号名称和功能介绍。

账号名称不同于登录名和注册姓名。它就像QQ昵称一样，是微信公众号的公开身份，影响着粉丝对公众号的第一印象。账号名称在微信数据库中并不唯一，但却是不可更改的，所以在起名时应该尤为慎重。

没错，在微信营销中，账号是非常关键的。现在有很多企业在设立账号名称的时候，喜欢用如"＿"之类的符号，这样看上去好像比较大气、好看，但实际上并不方便用户去记忆，更不方便用户去输入和搜索。因此，给自己的微信公众号取名的时候，一定要本着目标用户的需求出发，不但要好记，而且还要便于传播。

比如，国内最大的女性时尚购物社区美丽说的微信公众号的名称就设置得十分简单好记：meilishuoguanfang。在微信号名称的设置中，该企业没有运用下画线，也没有让其他的符号掺杂其中，只是运用了"美丽说官方"的拼音。这个名字不但方便用户输入，读起来更是朗朗上口，很容易让用户一眼就认定它，并且对其关注。

再说"美丽说"微信公众号的头像，粉色的一朵小花，简约、时尚，好似在对广大女性倾诉心事，又好像在同广大女性分享时尚密码。这样的头像和简洁大方、让人一目了然的名称结合在一起，单从形象上来看就很靓丽，又怎能不吸引粉丝关注呢？

鉴于此，我们再来看一下麦当劳中国的微信公众号的账号设置。一打开麦当劳中国的微信公众号，首先看到的是那个标志性的"M"字母。仅凭这个字母，相信就有很多年轻人忍不住动手加它了。再看它的微信号名称，不但没有下画线等特殊符号，而且还特别具有国际范儿，符合国际时尚潮流，与国际接轨，这样显示了麦当劳的品牌概念。

麦当劳很明白，喜欢自己的大都是年轻、有文化的人，这些人更喜欢简洁、时尚、彰显大气的国际范儿，所以它选择了这样的风格。

与麦当劳相比，星巴克在微信号的选择上似乎略胜一筹，为什么呢？麦当劳的微信号虽然也是字母，但却是英文，毕竟还有一些人不太熟悉英文。而星巴克的微信号则是简简单单的汉语拼音"xingbakezhongguo"。当然，这其中依然没有下画线等特殊符号。如此方便用户输入，更是注定了星巴克粉丝越来越多的结果。

无论是"美丽说""麦当劳中国"还是"星巴克中国"，都有几个共同点，这几个共同点也是众多企业应该学习的要点：

1. 便于记忆，让用户看一眼就能记住

2. 迎合目标人群

像麦当劳和星巴克针对的都是年轻人，所以头像设计就要时尚、大气一些。

3. 名称不是越短越好，但一定不要太长

有些企业的微信号很长，不但读起来不够朗朗上口，而且加上一些下画线、数字，更是显得十分拗口，让用户难以接受。

4. 尽量不要用符号

企业微信公众号一定要根据这四点原则来取名，只有做到了这四点，才能让你的微信账号变得好看。由此，企业的形象才能靓丽从而吸引更多粉丝关注。

◇灵活运用微信公众号

对于一个刚刚从事微信营销的创业者来说，很多时间可能都泡在微信上，对于微信公众号不是很了解。事实上，微信是基于交流、沟通的需要而开发的一个平台，虽然很多特征有助于我们做微商，但还是有一些不足，还不是一个完全意义上的商业平台。

第9计　设置微信公众号

而对于微商来说，微信公众号的出现似乎弥补了这一缺陷。所谓微信公众号，是一个公开的账号，与个人微信账号相对应，它是一个开放式的交流平台，正因如此，为微商增添了很多色彩。

公众号不仅仅对企业开放，个人同样也可以申请。通过这个平台，你可以和特定的人群进行文字、图片、语音等形式的交流。可以发布信息，可以绑定自己的私人账号进行信息群发。这对于微商来说，极具商业价值。

运用微信公众号向用户推送产品信息时，有以下几个重点。

1. 内容推送

利用微信公众号推送内容时，最好采用图文配合的方式，这样的信息更具有可读性。文字字数保持在200～1500字，图片不要超过3张，尽量选择横向图片，置顶的图片大小在395像素×220像素左右，缩略图大小在200像素×200像素左右最佳。

2. 推送方式

微信公众号的内容最好以图文的形式完成编辑，然后再推送，也就是你在群发功能中看到的图文信息。你可以选择多图文信息和单图文信息。如果你推送的内容比较单一，建议使用单图文信息，比如你介绍的只是某一型号的产品，用单图文信息就能够清晰地说明；而如果你推送的是一个系列的产品，那么用多图文信息会更加有条理。不过，多图文信息每次发送不要超过3条。

3. "关键词自动回复"

"关键词自动回复"的主要作用是通过规则添加，订阅用户向你发送的消息内容如果包含你设置的关键字，那么，你设置的内容就会自动发送给订阅用户。比如你设置的关键字是"L"，而"L"中的内容是产品的简介，那么，只要用户向你发送字母"L"，你的产品简介就会自动发送给用户。具体操作方法如下。

（1）登录微信公众平台—功能—自动回复。在这里可以编辑"被添加自动回复""消息自动回复"和"关键词自动回复"。

（2）规则名是本条微信推送内容的标题。关键字是随意设置的，最多可输入30个字。从营销的角度讲，关键字设置要准确。如果这篇文章主要是讲营销的，那么将"营销"设置为关键字就好。回复内容可以选择文字、图片、语音、视频、图文等模式。

那么，如何才能够让用户知道，回复哪些关键字可以看到他想看到的内容呢？

下面我们将以一个朋友的微信公众号为例，来说明自动回复的优势。不同的是他卖的是服务，很多人卖的是实物。

在越小姐面膜公众平台"MissYueMianMo"的"被添加自动回复"中告知用户下面一段文字。当用户第一次添加你为好友时，对客户进行引导。

"您好！欢迎加入'越小姐面膜'官方平台，越小姐面膜是中国第一家在上交所挂牌上市的微商美妆品牌企业（证券代码：204710）。越小姐面膜立志成为中国顶级面膜领导品牌，以梦想的名义创新，以梦想的名义创意，以梦想的名义颠覆，坚持以最苛刻的眼光，挑选全球顶级的珍稀原料配方，让中国人享受最奢侈的劳斯莱斯级的面膜和护肤产品，打造属于中国人自己的民族奢侈品牌，持续以让世界品牌看中国为目标。查看更多内容，请回复'上市'。"用户只要回复"上市"，"越小姐面膜"的微信公众号就可以推送相关内容给用户。

比如，以"L"为关键字设置"关键字自动回复"。这样，用户就可以看到以"L"为关键字的内容了。当然，我们还可以进一步细化，把以"L"为关键字的内容做成引导性的内容。"回复后面数字，您将看到相对应的信息。越小姐简介——1，研究室——2，代理管理—— 3，企业营销——4，联系方式——5。"也就是说，客户在回复了"L"之后，继续回复"2"，就可以看到越小姐研究室的简介。以此类推，你可以设置更多有意思的内容，让用户看到你的所有信息。

此外，在与用户互动的过程中，有些人采用了微信公众平台的智能回答模式，在微商中，我们个人不建议大家使用这种模式。因为每一个微信用户都是实实在在的人，用机器人与客户沟通、交流会显得机械化，给客户一种毫无生气的感觉，反而拉远了你与客户之间的距离。有些人可能担心对于用户的问题不能及时给予回复，会使得客户流失。其实不然，如果你在看到用户的信息后能够诚恳地回答并解释，用户都能够谅解，因为他知道，你也是人。

微信公众号是一个开放的平台，面对的是所有的微信用户。如何在微商经营中将微信公众号的优势发挥得更好，需要不断地摸索。其中内容是最关键的部分，因为用户看到的就是你给他看的内容。内容做得好不好，直接关系到营销的成败。内容不单单是文字，它可以是图片、图文，还可以是音频，甚至视频，多种内容的组合才是王道。

第 10 计
尽早通过微信认证

微信认证对于提升客户对企业的信任度很重要，所以要想尽一切方法早一点通过微信认证，微信认证的条件是：500的粉丝量和一个微博认证。

第10计　尽早通过微信认证

◇尽快完成认证

相信很多微博用户都知道"微博认证",经过认证后的微博用户,其微博名字后面会多一个"V"字。这就是在微博界早已声名鹊起的"加V认证",认证后的微博用户就像有了身份证一样,在微博上更能取得广大"微博控"的信任。

和微博一样,微信公众号同样也可以进行认证。经过认证,不仅微信公众号与买家进行交易时的提现工作更方便了,同时微信公众号的信誉度和可信度还得到了提高,能够让顾客更加放心地购买微信上的产品。

众所周知,在微信营销中,那些值得我们学习的大公司,比如星巴克、美丽说、央视新闻、招商银行等,之所以能够在微信营销方面发挥得比较好,其实最重要的一点就是它们完成了微信认证。

当然了,当你申请微信公众号之后,一开始还不具备被认证的资格。那怎样才能成为微信认证用户呢?首先,你需要申请一个公众平台账号;其次,你的订阅人数,也就是粉丝数量需要达到500人以上;最后,你必须要有一个得到认证的微博(腾讯微博或者新浪微博)。

只有具备了这三个条件,才能申请微信认证。那么认证之后,对企业来说,又有什么好处呢?

1. 对于企业来讲,这是一种品牌效应

一个企业如果得到了微信认证,就说明它在一定程度上具有很好的口碑,而口碑就是品牌效应,口碑好才值得客户去信赖。比如,好多人都喜欢喝咖啡,也都喜欢关注这类文艺小资情调的微信号。但是在微信公众号上,为什么只有星巴克的粉丝量最大呢?这源于它的良好口碑,如果没有好的口碑和信誉,又有谁会去关注它呢?

2. 微信账号得到认证之后,能够提高企业的知名度

认证之后的企业微信号会吸引更多的粉丝,在一定程度上能够提高企业的人气。同样是火锅店,为什么海底捞就能吸引人们,而且人们宁愿在门前排队,也

不愿意去其他店吃火锅。这说明，海底捞的知名度高。

在海底捞吃火锅，你享受到的不只是丰富的美食，更是尊贵的服务。海底捞贴心的服务、关切的问候、周到的安排都会让你感受到它的热情。曾经有一位女士带着孩子去吃火锅，在吃火锅的过程中，孩子一直闹情绪，总是缠着这位女士。服务员看到之后，就主动走过去询问他们是否需要帮助，最终在服务员的带领下，孩子来到了海底捞专属的儿童游戏王国，在这里玩起了游戏。这位女士十分感谢海底捞能够提供这样便利、周到的服务。

海底捞的服务知名度越来越高，人们大都不是奔着吃火锅去海底捞的，而是奔着服务去的。在微信营销中，海底捞依然运用热情、个性化的服务来与粉丝沟通。没过多久，海底捞在微信上的服务也得到迅速传播，包括送餐到家门口、贴心预约等环节。这些都为海底捞积攒了人气，使海底捞的粉丝迅速增多。很快，海底捞得到了微信认证，而得到认证之后的海底捞更是聚集了越来越多的粉丝，大家纷纷冲着海底捞的服务，添加了它的微信公众号。而且自从得到了微信认证，海底捞的人气更是大增，朋友圈中也不断出现有关海底捞的转帖，海底捞的粉丝进一步增多。如此一来，企业的发展也就越来越有前途。

3. 得到认证之后的微信账号还可以享受到"尊贵"身份待遇，在排名上十分靠前

我们还是以海底捞为例。在用户搜索"海底捞"时，打上"海底捞"三个字，会在查找结果中出现众多关于海底捞的公众号。但是我们可以看到，"海底捞"以及"海底捞火锅底料"排名最靠前。而在搜索结果中，我们也能够清晰地看出，只有这两个微信公众号得到了认证。

这意味着，当我们在查找账号时，一定会优先选择那些被认证的企业。而这就是认证之后，企业所享受到的"尊贵"身份待遇。

◇微信公众号如何申请认证

微信公众号的认证规则从公众平台一推出就几经修改，早期认证非常便利，但经过了后期的一次清理工作之后，不少利用新浪微博认证的公众号都被取消了

第10计 尽早通过微信认证

认证。所以，在申请微信公众号认证的时候，首选为腾讯微博，其次才是新浪微博。不过，既然一开始就想认证公众号，那么就得注意以下两个细节问题。

1. 在微信公众号注册之前先确定名称，公众号的名称必须与辅助认证的微博账号名称一致

比如，某人的微信公众号名称是张三，已认证的微博账号名称也是张三。事先把微博账号申请认证，再接着注册微信公众号就踏实多了，等微信公众号订阅用户数量达到500即可申请认证。登录公众平台之后，打开设置页面就能够看到认证的按钮，点击按钮之后选择使用新浪微博认证或者腾讯微博认证，接着只需输入微博地址并发布一条微博进行验证，就能够认证成功了。

2. 已认证的微博账号可以起到辅助微信公众号认证的作用，除了名称要一致以外，认证资料也必须相关

这里的认证资料相关主要是指，微博认证资料必须是靠谱的。比如，有个人的新浪微博名叫张三，已经通过认证，认证资料上写的是一个农民工。这时候他注册了一个房地产公司的微信公众号，名称叫"中信地产"。按照上文所说的微信公众号要取得认证，首先名称就必须跟已认证微博的名称一致的原则，这个人就把自己的新浪微博名称修改成了"中信地产"，想借此忽悠微信官方一把，等微信公众号认证通过了之后，再把微博名称修改回来。只有这样做，才能完成微信公众号的认证。

微信公众号认证的前提是在业内有较高知名度，且要符合各种条件（如粉丝数、企业资质等），一般企业及个人难以开通。最快捷的方法是找微信第三方服务机构帮忙，如微峰营销。微峰营销可快速完成公众号开通及功能开发等工作。微信公众平台开通后具有以下功能：消息推送、自动回复、关键词回复、二维码、用户管理等，能满足大部分企业的微信营销需求。

认证需注意的问题：

（1）认证通过后，资料不可以修改，资料会和微博当前的认证内容同步。

（2）微博认证资料后续修改暂不会同步到微信公众号"微信认证资料"处。

（3）已通过微信认证的明星、商家、企业、媒体等不需要关联微博。

（4）申请微信公众号认证时，关联的微博账号昵称必须与公众号昵称一致。

（5）个人认证和企业认证的腾讯微博都可以申请认证微信公众平台。

081

第11计
多去微信营销群学习

千万不要一个人坐在家里学习微信营销,要经常去一些微信营销的微信群,看一看大家都在聊什么,在这些群里你能学到很多东西。

第 11 计　多去微信营销群学习

◇活到老，学到老

俗话说："活到老，学到老。"如今社会经济的发展日新月异，各种工作所需的知识层次也日益升高。如果你知识底子薄，不愿意付出艰苦再去深造，而且还墨守成规，等待你的就只能是落伍。

进一步学习，已成为当今社会的一种时尚。在做到真正地认识自我的基础上，结合自身的薄弱环节不断充实自己、提高能力，即是我们常说的生活中要不断"充电"。只有做到这样，才能保持前进的方法、动力。微商还是一个年轻的商业模式，我们没有太多前人的经验、教训可供参考。所以，我们在创业的过程中需要不断探索，不断学习，积累经验，总结技巧，逐步提升。

有不少做微商的朋友，他们总是在做了一段时间后就开始抱怨：为什么自己做的没有别人好？为什么别人月入万元，而自己却还不足千元？

这种情况确实值得每个微商去思考，也许你们经营的产品类似、品质相当、方法相同，别人做得红红火火，自己却冷冷清清。这的确是一件非常让人沮丧的事情。微商创业遭遇冷清很正常，但我们不能只顾抱怨，而是要积极学习：别人的优势在哪里、自己的不足有哪些、如何才能提升自己的不足等等。

不懂就要学习、不知道就要研究，微商创业的成功经验是不可能简单复制的。况且也没有太多的成功案例供我们去复制。没有一个微商创业者一开始就可以赚得盆满钵满，每一个优秀的微商创业者都是通过一点一滴的学习而成长壮大的。看看别人是如何做推广的、图片是如何放置的、用什么样的语言风格、售后服务、优惠活动等，特别是一些细节，它们总能够默默地影响客户的购买欲望和微商业绩。

郑小梅，2014年下半年开始从事销售工作，在一家饲料加工厂做业务。半年之后没有做出什么业绩，几乎每个月都只拿着底薪。于是，在2015年初辞职，走上了微商创业这条路，这一年她已经35岁，而且是一个孩子的母亲。

俗话说："看花容易，绣花难。"在没有开始做微商之前，她觉得做微商很容易，不就是利用微信朋友圈将产品卖出去嘛，何况自己的好友不少。可是真正做起来之后才发现，微商创业并没有自己想象的那么简单。因为微商并不是单纯的买卖关系，而是集多种学问于一身的一个职业。

郑小梅询问了身边做微商的朋友，发现他们大多数都是20多岁、对网络非常了解的年轻人。与他们相比，自己年龄大不说，对网络的熟知程度也非常有限。怎么办？她想，既然已经开始做了，就尽力做好吧，反正没有什么大的投入，自己也不会有太多的损失。

随后的一段时间，她将大部分精力都花在了学习微商的经营之上，向一些优秀的微商学习经验、沟通技巧，请教一些技术问题；闲暇时打开微信研究他们的产品推广信息，从图片到语言风格，甚至连标点符号都不放过。就这样，她边做边学习，不知不觉过了半年。

有一次她与厂家对账，无意间拿当前的业绩与刚开始做微商时的业绩进行对比，突然发现翻了好几倍。也许是因为这半年来她只顾着学习和经营，眼前的这个数字对比让她很是惊讶。

其实，很多人开始微商创业之前，和案例中的郑小梅一样，都觉得这是一件很容易的事情，不难操作。等到真正去做的时候才发现困难重重。这时，一些不善于学习、没有上进心的人便开始打退堂鼓，甚至放弃。而另外一些人，他们刚开始虽然对微商知之甚少，但经过后期的学习研究，没用多长时间便成为微商创业达人，获得了丰厚的利润。这是人与人之间的差别，更是态度与态度之间的差别。

"不耻下问"，这是中国自古以来一直弘扬的美德。人无完人，每个人都有不足之处，对于微商创业这个新模式，每个人都需要探索、研究。也许某人对适合微商的产品有所研究，也许另一个人对于推广策略有所研究，这时，如果这两个人能够互相学习就会互补不足，双方都得到成长。

第11计　多去微信营销群学习

◇蛮干和盲目地做营销不会有效果

微信群是微商都熟悉的一个功能。在微信群里，我们可以实现一对多沟通，和QQ群具有同样的功能，微信群的优势是微信群中的好友大多都是自己认识的亲友，属于一种熟人社交，沟通起来更加方便。

下面我们来探讨一下做好微信群营销的基本要素。

1. 微信群的创建和设置

微信群的创建相对简单，我们只要根据官方提供的步骤进行即可，这里不再赘述。微信群营销的基础是否做得好，关键在于微信群设置。

（1）我们要设置微信群名称。这个非常关键，名称的好坏决定着能否吸引更多的人加入，能否吸引适合的人加入。如同有些人的名字，一听就有一种想认识的感觉。具体来说，微信群可分这样几类：组织类、用途类、级别类、地域类、特点类、姓氏类、行业类等。比如，旅游群就属于行业类，美女群就属于特点类，总群就属于级别类，刘氏群就属于姓氏类，等等。通常，为了取得最好的效果，一个群名称经常由不同类别组合而成。比如"中国微商创业群""中国微商创业管理群"等，这样的群昵称更能说明群的属性，有利于相关人员的主动加入。

（2）个人的群昵称设置。每个微信用户都有一个昵称，创建微信群后，在默认情况下，你的微信昵称就是在微信群中的昵称。微信群和QQ群一样，有这样一个功能，你可以在微信群中再次设置昵称。也就是说，你的微信群昵称和微信昵称可以不一样，这对于做微商的人来说有极大的好处。如果你所在的微信群成员全是熟人，大家都知道彼此的名字，就可以把昵称设置成自己的名字。这样在你发言的时候大家就能很快认出你；如果你在的微信群成员是刚开发的潜在客户，同时有一些新客户在不断加入，那么，可以将自己的昵称设置得更加明确一些，比如"某某品牌招代理"，这样更有助于开展业务。

（3）设置微信群聊天背景。微信群聊天背景是一个非常好的广告位置，因为每一个群成员在聊天的过程中都能够看到。为此，我们可以在聊天背景中放上自己产品的品牌名称、logo、产品图片、客户见证等，这样一方面起到了营销的作用，另一方面在给客户发截图的过程中也提升了对方的信任度。

（4）微信群提醒设置。在日常生活中，我们经常会加入一些微信群，群里每一个成员发信息自己都会收到提醒。对此，很多人选择了适合自己的群提醒设置。作为微商，我们也可以利用这个功能，比如，对于一些重要的群，你可将其设置成"置顶聊天"，这样在每次打开微信后便可以看到相应聊天信息；如果不是非常重要的群，可以设置成"消息免打扰"，这样每次群里有消息就不会提醒你，只有你主动查看的时候才会看到。

有一个朋友，加入了同事群，里面全是自己现在的同事。自从加入这个群之后，让他每天不得安生，一会儿响一下，一会儿响一下，有时候晚上12点了还会不停地响，内容大多都是一些生活、工作琐事。

为此，他打开了"消息免打扰"功能，从此，他的手机安静了很多，只有自己没事的时候才会打开微信群看看热闹。

有一次，他打开微信群，看到有一个借了他500块钱的同事在找他，而且已经是3天前的事了。他想，是不是对方要还钱给他呢，于是他赶紧联系对方。对方说："是的，我本来是想还钱给你的，但看你没理我，以为你不在呢，这两天就花光了，只能等到下次还给你了。"

为此，他后悔不已：为什么当初就没看见找我的信息呢！

以上这个案例虽说与微商无关，但却说明了微信群设置的重要性，如果设置不合理，就可能漏掉一些重要信息，甚至是准客户。

2. 微信群的价值

微信群是一个具有共同目标、需求的群体组合，每一个群成员都可以分享自己的信息，群主可以进行一对多的沟通交流，这对于微商来说具有非常大的价值。在这里，你不但可以传播信息以及知识，还可以学习、了解相关知识和信息，来提升个人价值。

此外，每个群成员都对应着若干个群，当你加其他成员为好友，获得对方的信任后，将相关信息传递给对方，对方就可能将你的信息传递到他的其他群组中。这样，对于微商来说能够起到很好的营销推广作用。

3. 微信群管理要素

一个微信群如同一个社会。要管理好这个群，需要具备以下几个要素：

第11计　多去微信营销群学习

（1）群主个人素养。群主是建群的人，是这个群的领导，手握"生杀大权"，有时候需要引导群中的气氛及讨论方向。为此，群主必须有一定的个人素养，这样才能够赢得群成员的尊重与信任，才会构建起自己的权威，才会有利于微商的运营。

（2）建立群规。国有国法，家有家规。没有规矩，不成方圆。因此，群主需要构建必要的群规。群规主要由三个部分组成：群的价值、倡导方向、反对方向。具体可根据自己建群的目的及发展方向而定。

此外，微商可以根据自己的销售方式建立多个不同的群组。如果你是招代理的微商，你可以创建代理商管理群、代理商培训群、招商群等。

不管是在你建立的群中还是在他人的群中，要做好群营销，必须把握一定的技巧，蛮干和盲目地做营销都会效果甚微。

第一，在群里充分体现自己的价值。微信群如同一个社会，只有你有价值别人才会注意你，才会愿意和你沟通。因此，首先要在群里发布一些有价值的信息，而不仅仅是一些产品广告。其次，要能够给群成员带来快乐，比如幽默地与群成员沟通，讲一个笑话、在群里发一个红包，这样不仅能够引得群成员快乐、高兴，如果你在别人的群中，还会得到群主的喜欢。由此可以构建起在群中的地位，发布相关产品信息更容易让他人接受。

第二，活跃群气氛。一个微信群，即使有上百人上千人，如果每天死气沉沉，没人说话，没有任何动静，即使有动静也是群成员发布一些广告信息，那么这样的微信群就失去了营销的价值，成员会越来越少。因此，不管你是群主还是群成员，要懂得活跃群气氛。

第三，群营销注意事项。不管是举行群活动还是产品推广讨论，一定要注意时间的选择，要在群成员时间最充裕的时候举行。通常，晚上8点到10点是群成员活跃度最高的时段，所以在这个时段进行各项活动及营销最合适。此外，不要仅仅为了做活动而做活动，一定要将自己所推广的产品隐蔽地植入活动中。当然不能太明显，否则容易引起客户的反感。

微信群营销最好的效果是既要将自己的产品推广出去，又能活跃群气氛，同时不让群成员产生反感情绪。偏向产品推广，容易引起成员反感；偏向活跃气氛，起不到产品营销推广的作用。所以，在微信群中营销时一定要把握好度。

第 12 计
了解你的客户

明确每一次沟通、互动、推送的对象是谁,读者对这个人越了解,信任度就越高,包括他的公司职位、姓名、联系方式。

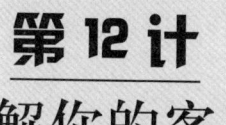

第12计 了解你的客户

◇准确了解用户的需求

企业无论做什么，都是要以用户需求为基准的。在微信营销中依然如此，对于客户，首先就要投其所好，提供符合用户需求的功能，才能让用户对你产生好感，甚至为你折服。由此一来，这些用户就会无形之中成为你的铁杆粉丝，而且他们还会向"朋友圈"不断扩散，帮你做宣传，增加更多的粉丝。

要投其所好就要知道用户的需求。在这一点上，很多企业的公众号为了留住用户，特地提供了查询功能。比如一些金融企业会设置查询功能，而学校的公众平台，则设置翻译、学校活动等功能。招商银行这个向来被人们称赞的微信公众平台，之所以会吸引那么多的粉丝，就是因为它不但开设了余额查询服务，还在最新版的微信上开通了线上支付等功能。这些针对用户需求的功能就像是用户的百科全书一样，用户哪里不会、哪里有需求，它们就会出现在哪里。这样的企业微信公众号怎能不招引粉丝光顾呢！

比如，一家服装店想要在微信公众号上吸引粉丝关注，就要知道粉丝们的需求是什么。这是最基本的前提。怎样做到这一点呢？主要有两个方面，一是对来店里消费的人群进行咨询和观察，留意他们想要了解的动态和信息，挖掘他们潜在的需求；二是通过网络信息，包括微信来与用户沟通，真诚地互动，探寻用户的心理需求。这样一来，当你了解了客户的需求之后，就能在微信公众号上投其所好，提供符合用户需求的功能。让客户进入你的公众号，犹如进入了百科全书。在公众号获得相关需求的满足之后，用户自然会对你有好印象。

众所周知，每当过年过节的时候，火车票都是一票难求的。人们最大的需求就是顺利买到票，不被没票所困住。针对人们的这种需求，中国铁路在微信公众号上设置了查询购票日期、电话预订、网络购票、购票方式等功能，帮助广大群众来解决这些问题。

有了这样强大的功能，粉丝在你的微信公众号里就可以便捷地解决一系列问题。当用户享受到了便利和周到的服务之后，自然就会持续关注你，成为你的铁杆粉丝。

所以，企业要想吸引更多的粉丝，一定要投其所好，挖掘用户的心理需求，提供这些服务给用户，让用户体会到你的用心良苦。这样，才能对自身品牌的推广产生巨大作用。事实上，很多人看似在做微信营销，却没有真正将微信营销做出效果的原因就在这里，大家似乎无法找到客户基数和数据挖掘深度的平衡点。

是真的做不到，还是我们以为做不到呢？正是因为我们以为自己做不到，所以才放弃了微信平台的优势，去简单地运用它的低成本信息推送功能。可试问一下，虽然微信的成本低，但低得过微博吗？虽然微信推送面广，但广得过电视广告吗？

既然如此，为什么我们要放弃微信最有价值的营销优势，去用它并不出众的地方和其他营销工具比较呢？

问题并不复杂。假设我们的初期目标是拥有1000个粉丝，我们需要了解这1000个粉丝的资料，然后根据他们的特点分别推送信息，工作内容并没有想象中那么复杂。

一开始，我们需要做的是设计好第一次的信息推送内容。具体内容应该怎样设计，本书后面会有介绍，但是无论内容设计成什么样，一定要有互动环节——要让对方说出自己的基本信息，例如性别、年龄、身份……

如果客户回答了第一个问题，就说明他有时间、有耐心回答后续的3~5道问题。我们可以利用这样的机会，获取其基本的个人信息，尤其是购买偏好。

当然，并不是所有的客户都愿意耗费时间在这样的调查问卷上。为了吸引他们，一定要有相应的礼品或者优惠。根据我们的经验，一般来说，有品质的小礼物吸引程度比优惠券更大。而且为了加强客户的反馈度，我们还可以把调查信息更加浓缩，甚至以选择题的模式来呈现。

当然，一开始获得的客户基本资料只是我们根据对方的回答进行的一般意义上的推断，会有极大的不准确率。这就需要我们对后面的问题进行设计，不断进行对之前判断的修正，并且着重挖掘对方的消费偏好。例如，平时喜欢穿社交类还是休闲类的衣服？由这些问题的答案对该消费者画出个人"素描"。

第12计　了解你的客户

做好"素描"以后应该怎么办呢？然后就是分组。

经常网购的人一定会有这样的感觉，如果我们在淘宝上搜索某类产品，比如紫砂壶，那么在接下来的几天，你在其他网站上浏览信息时，周围的广告位里往往会出现关于紫砂壶的信息。这其实就是淘宝的一种分组推广策略。而利用微信的反馈，我们可以制作类似的简易数据库，根据客户的组别，有计划、有针对性地推送信息。

例如，我们可以把喜欢休闲服装的女性划分为一个大类，喜欢休闲服装的男性划分为一个大类。然后再进行细分，如在喜欢休闲服装的女性中，22岁以下为C组，25岁左右的为B组，30岁以上的为A组。

针对BC两组，主要发送一些更适合年轻人、折扣力度较大的服装。而针对A组用户，因为她们的购买力是最强的，再加上这个年龄段的特点应该是偏稳重的，所以应该着重推荐这一类的产品。同样，男装也可以做类似的划分。

对客户进行这样的分组难不难呢？

其实一点也不难，关键是在设计题目时，我们就需要做建模的工作。

我们接下来要做的就是把这些答案进行归类——只要客户有反馈，该反馈就一定在这些结果的组合中，我们把结果和相应的组别进行配对即可，根本不用一个个重新分析。所以我们一再重申，问题的设计非常重要，要具有代表性，能在最简单的答案中获取我们想要的信息。

这样做既增强了信息的准确度，对客户来说，又降低了推送的频率。也许原来他每周会收到3条信息，可能两三周都没有适合自己的信息，这些信息对他来说就构成了骚扰。可如果信息更具有针对性，也许你一个月给他发一条，对方就会产生消费行为，排斥的程度也会大大降低。

当然，模型的配对不是100%准确。毕竟我们只能通过简单的几个问题去推断对方的情况，再加上有的客户选择的答案并非完全与自身情况相符，这就需要我们经常对客户的信息进行修正。

例如，对于到店的客户，如果他为了获取某种优惠而出示自己的微信，我们就可以先在后台核对其性别、年龄与之前的反馈是否相符。其次，根据他的消费行为和深入交谈去判断他的消费偏好与之前信息是否吻合，若有差异，则可以根据其在现场的表现对数据库内容作出修正，便于下次信息发送的精准定位。

◇ 把重点放在老客户身上

微信的营销基础就是要提升微信的人气，比如组建一个兴趣小组，或者依靠"定位搜索""摇一摇"等基础工具拓展等。但是在微信好友增加的过程中，我们很快会发现一个问题——微信真正凝聚的客户，往往是少数而固定的。

什么意思呢？

假设你的微信账号有1000个粉丝，理想的状态就是每个人都能定期在你这里消费。假设你每个月的销售额是10万元，那么就意味着每个人每个月平均消费100元。这时候，再增加1000个粉丝，你的销售额就会变成20万元。所以，我们要努力增加粉丝数，保持持续增长。

但理想毕竟是理想，现实情况也许是，这1000个粉丝中，也许只有300人在你这里消费。而在这300人中，200人每月消费是100元，剩下的100人，平均每月消费超过却达到了800元。

这时候你应该怎么做？

对比来看，前后两种情况没有差别，都是1000人带来了10万元的月销量。但如果我们不去区分客户，一味扩张微信粉丝数量，可能是一件费力不讨好的事情。因为任何组织的吸引力都是有限的，粉丝的增长速度也是一个抛物线，在最初吸引粉丝时固然很困难，可是当过了高峰期以后，要再增加粉丝，仍然不容易。况且粉丝越多，维护起来所耗费的精力越大。

所以，当微信粉丝数量达到一定程度后，我们倒不如换个思路，把重点放在老客户的维系上。假设在这消费的300人中，你可以让200人的月消费从100元增长到200元，核心客户的消费从800元增长到1000元，你的月营业额就会达到14万元，相当于多找了400个粉丝，而且这400个粉丝中，还必须要有同比例的消费群体。

你觉得是多找400人然后让他们成为你的新客户容易，还是维系老客户，让他们多消费点容易呢？

答案显而易见——毕竟后者已经在你这里有过消费，而且持续了下来，如果

第12计 了解你的客户

不是认可你的产品和服务,他们不会一直在你这里花钱。既然认可,那么接下来的问题就很简单了。

所谓的二八理论,说的是我们应该把绝大部分精力,耗费在一小部分能够为我们带来高昂价值的客户身上。这也正是之前在进行客户分类时,我们要求大家把从客户那里获得的数据进行建模定位的原因——如果你不去统计,就无法分辨出哪些客户值得你耗费如此大的精力。

耗费精力维系重点老客户是事半功倍的事,但这并不意味着我们就要减少对新客户的寻找和筛选。只是说,在寻找新客户时,我们不能够只盯住粉丝数量的变化。其实和维系老客户的道理一样,在一大群新客户中,选择可能成为重点客户的对象,在他们身上花费精力也是非常重要的。

做销售,应该为之耗费精力的绝对不是普通客户,而是为数不多的高端客户,他们的购买力最强,会给你带来最大的佣金收益,但更重要的是,他们的影响力又是最广泛的,如果你的产品和服务能够获得他们的认同,很容易在一个高端圈子里产生深远的影响。这样一来,你需要寻找的客户就从不特定人群变成了特定人群。

问题在于,相比老客户的维护,新客户的吸引和筛选难度更大。尤其是筛选过程——我们怎样确认一个人能够在将来为我们贡献很大的利润呢?

大家看这样一个例子:

> 小马是做保险营销的,他在营销方面很有天赋,非常善于发现潜在的客户。这种发现是渗透到生活各个方面的:有一次他去洗车店洗车,在休息室休息时恰好看到一辆宝马车在那里打蜡,车主是位30多岁的女士,也在休息室里用自己的笔记本电脑上网。笔记本电脑是一台小巧的苹果,售价应该在1.5万元左右。凭感觉,他认为这位女士家境应该不错,希望能够与她交换联系方式,说不定以后可以做成她甚至她整个家庭的保险生意。本来他是想洗个车就离开的,既然要耽搁时间,就干脆也做了个打蜡。
>
> 趁着打蜡的工夫,他与宝马车车主聊了起来。虽然只是简单地聊了几句,但最后在她离开之前,还是成功地交换了名片。
>
> 交换名片只是完成了整个销售过程的第一步,但我们都知道,如果接下来依靠电话联系,效果不是很好,尤其是当对方感受到你的销售意图太明显

097

时，会本能地产生抗拒。怎么办呢？就在他把对方名片输入手机后不久，微信发来提示，说可以添加对方为好友——这就是微信的好处了，如果双方互留了手机号，就可以添加对方为微信好友。

相比电话或者短信联系，微信的距离感会更好，所以从那天起，小马就靠微信与宝马车车主一直联系。比如，偶尔周末发发轻松的信息，或者发一段语音简单问候几句。这是个漫长的过程，而且可能在短时间内收不到你想要的结果，但是如果能坚持下去，也许一切都会往好的方向发展。现在小马依然没有做成那位女士的保险生意，但那位女士把自己的朋友给他介绍了不少。人以群分，有钱人认识的当然大多数都是有钱人，以点带面，通过这次"偶遇"，小马的销售网络一下子提升了一个层次。

为什么我们要给"偶遇"加上引号呢？就是因为这个看似是"偶遇"的案例，实际上背后却隐藏着必然性——善于观察、善于思考、勇于行动永远是出色营销人必须具备的特点。

第一点，小马在做销售时，会主动寻找自己的客户，而且目标很明确：我就是要做有钱人的生意。所以他才会在看到宝马车车主时，去做判断，去启动自己的"销售程序"。虽然做有钱人的生意难度更大，但是一旦做成，给自己带来的收益也会更大。而且最重要的是，有钱人周围的人脉关系都是有钱人，当你突破一两个节点时，你会发现销售越来越好做。

道理大家都懂，但为什么极少有人能做到呢？这就是第二点——善于思考。如何与对方在一面之交过后持续保持联系，这是需要思考的。若单凭一腔热情，只是一味地打电话、发短信，也许用不了几次人家就不愿意接小马的电话了，因为阻抗出来了。所以他选择了更温和的交流方式——微信，并且充分利用了微信的功能去调动准客户和自己的互动。

第三点，勇于行动。正如我们之前说的，任何工具，包括微信在内，它只是营销的工具，它并不能代替你解决问题。比如寻找客户，微信只是让寻找客户的渠道增加了一条，但是它不会帮你寻找客户。一切营销活动，都必须自己完成，要有勇气作出行动，你才有可能收获这样的结果。

确定了这三点之后，我们需要研究一个非常关键的问题：到哪里去找这些重点客户呢？

第 12 计　了解你的客户

"偶遇"的概率很小，当然不可能复制。最可靠的渠道有以下两个：充分挖掘现有的人脉资源；加入圈层，拓展高端人脉。

拓展现有人脉可以从你身边的同学、同事、朋友入手。平均每个人都会认识200个人，在这200人中，如果你能发动50个人帮你宣传，他们每个人再发动10个人帮你宣传，你就相当于让550个人知道了你的营销信息，在这个过程中，难道不会出现重要客户吗？

除此之外，我们还可以尝试加入更多的圈层去拓展自己的人脉，比如去读MBA、去加盟商会、去参加高尔夫俱乐部……那里的人层次相对较高，他们背后也有各自的高端人士圈层，去想办法和他们结交，一定会对你的事业大有帮助。到时候，也许不仅是销售的问题，甚至拿到投资都不是难事。

第 13 计
拼的是投入和执行力

微信营销没有任何营销秘诀，拼的是投入和执行力。想不投入就获取大量粉丝是不可能的。不要只盯着3个月获取90万粉丝量的案例。先想想人家投入了多少资金、投入了多少人力。如果你不想投入太多资金，你可以选择投入时间，再加上执行力到位，你的目标一样可以实现。

第13计　拼的是投入和执行力

◇多做活动吸引粉丝

吸引粉丝是一个漫长的工作，前期的累积很重要。从某种程度上来说，微信与微博粉丝的累积是一样的，当人气积累到一定程度时，粉丝的增长速度会快很多。然而最初的阶段却很艰苦，就算一直不停地推广，仍然会有连续很长时间粉丝量都没有变化的情况，甚至还可能会减少，这是很容易让人产生挫败感的一件事。

所以，前期微信营销的重点有两个，一是如何加强微信账号的宣传力度，二是如何维系已有的粉丝。

我们这里主要介绍第一个问题：加强微信账号的宣传力度。

在实体店广泛宣传你的微信账号当然是一个最简单、直接的方法，除此之外，针对区域化的产品、服务提供商，例如餐饮、卖场等行业，在散发的传单中体现微信信息也是必需的措施。除此之外，通过微信本身的功能，如"附近用户定位"和"摇一摇"，都可以对微信账号进行广泛宣传。

但是，这些活动只能让客户看到你的微信账号，而看到和关注完全是两回事。况且对于很多没有实体店面的经营者，如何去让别人发现微信账号并且愿意添加关注呢？

你想得没错！就是用营销中千古不变的定律——优惠活动！

虽然我们日常能够见到的优惠活动纷繁复杂，但万变不离其宗，说穿了都可以划分为无偿、有偿以及其他三类。

在无偿的优惠活动中，又分为概率型和行为型两类。而在有偿活动中，又有无条件折扣型、有条件折扣型和混合型三类。

前面两项大家肯定都比较熟悉，这里我解释一下为什么将团购划为混合型。团购在本质上其实应该属于无条件折扣——对消费者的身份没有限制，不存在你必须在我店里消费过什么东西才能享受折扣，这与有条件折扣不同。

但与此同时它又不能完全等同于无条件消费，因为要享受这样的优惠，你必须先在网上团购,也就是预先支付消费款才可以。这样做就相当于用较为低廉的价格锁定了客户的消费。从这个角度来说,它是有条件的。

而其他类型的活动强调的是一种身份和附加值。例如会员、VIP特权,相当于更综合的活动行为——会籍制度是为了让客户感受到一种圈子文化:加入这样的群体,你不仅可以享受到特殊的折扣和优惠,还能获得各种附加值,例如资源平台、聚会、特殊的课程等。

这些活动类别虽然能够延伸出很多不同的营销方案,但是对于微信来说,却并不是所有的活动都适合借助该平台展开。

例如,无条件折扣,一般需要提前消费,更适合商超卖场,因为大家已经开始消费了,不妨碍再顺便多买一点东西。可如果我们在微信上发布一条满百送百的优惠信息,除非是那种对该产品有需求的用户,否则很难会因为这条信息专门到店消费。

初期微信营销的活动是为了吸引粉丝数量,所以不宜给用户设定门槛。相比有偿活动来说,无偿类更有价值。比如行为型的活动,像转发、分享、上传获赠就是最常见的模式。当然,因为这类活动不设参加限制,所以赠品的成本核算很重要,如果赠品太贵重,会增加不必要的活动开支,若礼物太轻,也很难吸引客户。

与此同时,实体礼物比虚拟礼物更有价值。比如,像餐厅一类的企业,就可以赠送饮料、小菜等。这些赠品成本不高,但是售价不低,给客户的感受更好。也许它们的实际价值并不如八折卡,但对消费者来说,饮料、小菜代表的是当下的既得利益,八折卡代表的是后期的未得利益,相比之下,显然前者更具有吸引力。

而俱乐部、VIP资格,也是微信营销能够用到的活动。只是在举办这类活动时,一定要考虑如何凸显各种资格所带来的价值感,最好是"干货"。像消费八折优惠这些活动,在客户产生真正消费之前是感受不到其价值感的,所以对他们来说吸引力不强。相比之下,有的俱乐部会经常举办一些聚会、沙龙或者其他活动,通过这样的活动吸引大家来店里参观,带动消费。

做微信营销最忌讳的就是散乱、无规划。因为缺少规划,导致信息发送随意性强,吸引力弱;发送频率不固定,无法形成持续效应;微信信息缺少合理有效的推广手段,更没办法和常规营销活动嫁接。既然已经确定要做微信营销,我们就一定要把事情做好：

第一步：扩大微信的传播范围。

如果你的店面很小，而且在外面的人行道上摆招牌可能城管也不同意，那就做几张大的招贴画挂在门口，或者干脆做几个易拉宝放在外面，上面做一些精美的菜品、店铺介绍。尤其是强调关注本店微信号的人可以凭手机获得饮料一杯。如果条件允许，你的微信号和推广信息还应该出现在店铺的各个角落——墙壁上、桌子上、吧台上，甚至客户可以取阅的书里也有相关的夹页，重点就是让所有人都知道，在这里可以凭借一条微信关注信息免费喝饮料。

免费的东西大家都喜欢，何况是动动手指就能搞定的。所以只要越来越多的人看到这个信息，关注微信号的人也会越来越多。我们来做一个成本核算：一杯饮料200ML，勾调10L饮料的硬性成本大概是10～15元。也就是说，一杯饮料的成本是0.2～0.3元。当然，这样一杯饮料的售价一般在8元左右，对消费者来说，喝这杯饮料是赚了8元，而对店家来说，只是耗费了0.3元的成本。

第二步：系统收集客户资料。

有些人脑子转不过弯来，连一点甜头都不愿意给客户。因为他们看到的不是饮料的成本，而是饮料的售价。一杯饮料，在他们眼里不是0.3元，而是8元，所以他们心疼。

但对聪明人来说，花0.3元的代价增加1个微信粉丝，也意味着，每增加1000个粉丝，最多花费300元，甚至还用不了这么多。因为有的粉丝是互相影响的，对方加了你，但是没有来兑换饮料。当然，就算兑换率是100%，这笔开支也不算贵。

而且这个成本不是白费的，你要喝免费的饮料，就得进店吧？进了店，你至少得坐在位子上等我把饮料端上来吧？

假设这段时间是3分钟，你需要让客户做什么事情呢？

大部分人会说，让他们进店就是成功，这段时间里可以让客户自己看看店里的环境。是的，如果你的店面装修精致又富有特色，而且菜品卖相也很好，价格合理、公道，让客户自己发现这些当然没问题。可如果店里面的装修一般，没什么环境可看，那怎么办呢？

所以，在这段时间里，我们一定要让客户做点什么！你可以把菜单给客户，让他看看需不需要其他的商品或服务，但这样功利性太强了，因为人家进来就是喝免费饮料的，结果你很直接地向其推荐其他消费项目，反而降低了客户的感受，因此不推荐！

其实最好的方式就是给他一张调查表，把你想发在微信公众号上的调查问卷直接打印在纸上让客户填写。这时候客户关注的是免费饮料，填表之类的事情对他来说根本就没有阻抗，再加上你设计的表格又很简单，就更没有问题了。

3分钟一到，一手交表，一手接饮料。饮料喝完，如果有其他消费当然欢迎，若是没有也躬身相送。因为你需要的他都留下了——联系方式、性别、年龄、喜欢的饮料甜品，以及其他你想知道的事情。你说这0.3元花的值不值呢？

第三步：有组织、有目的地发送信息。

如果你不能做到定期、定频地发送微信，就不要妄图尝试微信营销。要做微信营销，就一定要"有组织、有目的"地做。

你至少要提前一周确定好在下一周中，每天要发送几次微信，分别给哪些客户发，发送的内容分别是什么，是针对情侣的浪漫烛光晚餐，还是针对白领的商务午餐，又或者是针对单身小资女的香氛下午茶。如果只是一味地推送信息，效果当然大打折扣——毕竟按照一般规律，下午茶在时间上不太适合白领，同样，我们不敢肯定单身小资女看到浪漫烛光晚餐的信息是不是会触景伤情。

确定了信息的发送时间和主要内容还不算完，你的信息是以什么模式发送的也很重要。纯文字的信息严重不推荐，要让客户感兴趣，不说精妙绝伦，至少也要图文并茂。对于小资女，可以有一些适合的文字描述；对于浪漫小情侣，建议搭配一些近期节日提醒和礼物推荐；而对于每天坐在办公室的白领，附加一些轻松小笑话也许是个不错的主意。

◇没有粉丝就没有客户

在微信营销活动中，没有粉丝就没有客户，没有客户微商也就不存在了。微商的产品信息、活动等经营形式都需要粉丝来接受、传递、扩散，才能形成一个良好的微商模式。

在传统商业中，将产品信息告知消费者、提升品牌知名度等一系列的营销活

第13计 拼的是投入和执行力

动,都需要付出一定的成本。比如在电视、报纸、电台做广告都需要支付相应的广告费用,即使商家自行组织营销活动,比如搭台做新品发布推广活动,也需要人工费、电费、演员演出费等,印发传单彩页向路人发放,也需要雇人发日工资等。也就是说,在传统行业中产品信息传播、流通都需要真金白银。

而在微商中,产品信息传播的载体基本都是免费的。首先,微信这个平台是免费的,微商们在上面卖东西可以不用花一分钱;其次,也是最重要的一点,我们需要通过粉丝传递产品信息、扩大产品影响力以及挖掘到更多的客户,而我们不用向粉丝支付一分钱,这就是所谓的免费粉丝载体。

当然,要用好这个免费载体需要一定的技巧。你的微信粉丝是免费的,但并不是每一个粉丝都愿意为你传播产品信息,充当你产品营销推广的免费载体。

赵刚是一个微商创业者,刚开始,他的微信朋友圈有100多人,他每天的工作就是在朋友圈中发布产品信息,做广告。同时,通过引流方式使粉丝数量一直不断增加。但是,很多粉丝在加他为好友之后,要么从此不说话,要么问过一些关于产品的问题后,也开始沉默。对此他觉得,如果这样下去,即使粉丝数量再多也没用。

后来,他在同一个关系不错的老客户聊天的过程中表示,希望这位老客户能分享一下产品信息和使用心得。没想到这个老客户马上就答应了,在自己的朋友圈中发布了赵刚的产品以及赵刚的微信号,并很诚恳地讲述了使用心得。

第二天,有一位客户加他为好友,说是那位老客户很好的一个朋友,想购买他的产品。赵刚将产品做了介绍之后,对方马上支付了货款。最后赵刚还特意说:"如果用得好,希望能帮他多做做宣传。"

一个星期后,他看到对方的朋友圈中也分享了他的产品及使用心得。随后,慕名而来的客户越来越多,而且很少和他讨价还价,在了解产品之后觉得不错的就会马上购买。

再后来,他还制定了一些转发、分享产品使用心得奖励政策,使得越来越多的老客户为他分享、转发产品信息和使用心得。

显然,赵刚的这种模式是成功的,效果非常好。他讲完创业历史之后语重心长地说:"微信粉丝是免费的,他们是产品流通的载体和渠道,如何让这些载体动起来为自己所用，这才是最重要的。"

的确如此，很多微商只是把微信粉丝当作客户，仅仅挖掘、激发他们自身的需求（当然，这一点在微商经营中也非常重要），从来没想过把他们当作产品流通的载体，去设法激活他们来搬运、传递自己的产品信息。对于微商来说，这是对粉丝价值的运用不完全。

此外，朋友圈是一个封闭的环境，粉丝数量是有限的，你每天发布的产品信息所针对的客户也就是朋友圈里的那些人。有需求的人看到你的信息就会买，没需求的人即使每天看到你发6次信息，他可能也不会购买。所以，在引流的同时，要培养一些免费的粉丝载体，让他们帮你传递信息，吸引客户，而且，以这种方式获得的客户通常质量都比较高。

第14计
价值来自沟通

不要忙于每一天推送大量的内容给潜在顾客,要创造可以跟读者沟通的话题。你要知道所有价值都来自沟通,推送再好的内容,不如跟读者认真细致地沟通一次。

第 14 计　价值来自沟通

◇创造一个"劲爆"的话题

企业在微信营销中,想要获得成功,不只需要全面掌握功能操作,更需要在内容上精心策划。如果企业创造的话题不够"劲爆",就不能引起粉丝的关注,那么企业也很难在营销中立足。

当然,这就要说到关于策划话题的事情了。如何策划一个够"劲爆"的话题才是营销的一大根本。很多企业虽然意识到了在微信营销方面与粉丝互动的重要性以及要及时为粉丝提供好的内容,但是却很难做到让粉丝持续关注。原因只有一个:话题不够"劲爆"。

深圳的巴菲尔红酒文化是深圳红酒圈中十分具有创意的一个代表。在2012年11月份该企业老板就开始了微信营销模式。而在2013年9月份微信版本升级之后,他更是加强了在微信方面的创新营销。

一开始,巴菲尔红酒在微信上也只是发送一些普通的宣传信息和促销活动。这似乎并没有太大的作用。因为很多主力消费群体大都有自己的家庭酒窖,而且对红酒十分在行,他们往往会购买一些上等的佳酿来收藏。而那些普通的用户则对红酒认识还不太深,在微信上互动起来很麻烦,而且巴菲尔红酒在微信上也没用太多时间对这些普通用户宣传红酒文化,进行单个积累。所以当时,巴菲尔红酒的销量并不理想。

过了一段时间之后,巴菲尔老板傲三哥认为,如今自己店的消费者有很大一部分是"80后""90后",他们消费力强,而且对新媒体的接受度高。所以傲三哥就想到了用微信来制造一些"劲爆"的话题,以引起客户的兴趣,从而一边吸引粉丝关注,一边宣传红酒文化。

其实,这个想法是源于一个中医针灸师。傲三哥曾看到过一个中医针灸师在给客人看病的同时,会向客人推荐自己的微信号,然后这位针灸师会在闲暇时给客户发送一些关于针灸、养生的信息,还将现代女性最关注的减肥和针灸联系在一起，不仅迎合了市场，还获得了广大女性的青睐。

受到启示，傲三哥认为红酒可以用更加"劲爆"一些的话题来引起客户的注意。于是傲三哥开始大力宣传自己的微信公众号。

巴菲尔在微信上根据不同的消费人群进行了不同的话题策划。比如针对普通红酒消费者，巴菲尔推出了关于红酒品牌诞生地、生产地域、葡萄种植、发酵等的知识介绍，还向一般客户推送了关于红酒的有益之处、储存技巧等知识。当然了，也向更多的消费者传播了红酒能够养生的知识，提高人们对红酒的认识度，激发人们去消费。

而最为重要的是，巴菲尔针对大多数的年轻消费者推出了一个又一个的"劲爆"话题：刘谦在春晚变魔术中用什么红酒做的道具、红酒历史中的名人、明星与红酒的私密故事，甚至还将红酒与星座、恋爱运程结合在一起。

当时网络上比较流行的苍井空也被巴菲尔红酒拿来做话题，比如推出了苍井空最爱喝的红酒，还有不老女神赵雅芝用红酒来养颜的秘方、性感女神林志玲的红酒故事等。这些劲爆、有趣、私密的话题不但吸引了年轻消费者群体，还吸引了更多新粉丝加入。

而且很多粉丝在看完了这些"劲爆"话题之后，不但对红酒产生了兴趣，还对巴菲尔这个企业也产生了浓烈的兴趣，从而会转发朋友圈。如此一来，巴菲尔企业的品牌效应也就在这个过程中实现了。

不仅如此，该店还推出了更加"劲爆"的话题，那就是专门做优惠活动。消费者最需要的就是花最少的钱买最好的东西，所以巴菲尔推出了买一送一等"劲爆"促销话题，这些都会在微信里告知，让用户可以就近购买。同时，巴菲尔还推出了一些免费参加酒会、酒展等活动，以此来吸引更多的客户。

（摘自《移动社群电商》）

当然，通过这个事例，我们可以发现，想要创造一个"劲爆"的话题，需要做到以下三点：

第一，内容要原创，有新意。不能一味地模仿其他企业来进行让利促销活动，就算要推出这样的活动，也要够火爆、够新颖。

第二，要结合当下网络的热点事件。这样不但能让你的企业跟上潮流发展，还能吸引更多新粉丝加入。

第三，带有一定的神秘性。好奇心是引起人们关注和消费的前提，你创造的"劲爆"话题一定要带点神秘色彩，这样才能更加抓人眼球。

◇ "接地气"是最好的营销

很多用户抱怨一些企业在微信上经常发送官方话语，甚至与用户沟通时也表现得甚是严肃、刻板，没有生气，而且一句话能"噎"死人。这样的企业在微信上有很多，我们由此可以看出，微信营销其实更需要柔性发展、细心策划才行。

杭州有一位"80后"女孩，曾经在微信上加了一家家具展销企业的微信公众号。在微信上，该企业一直给这位女孩发送一些官方信息、促销活动。

而当女孩因为一些不懂的问题向企业请教时，企业不但没有给出一些很好的建议，反而回复了一些官方、严肃的话语。比如："我公司目前正在积极筹备秋季展销活动，敬请关注，地址……"再比如："如需其他服务请按'0'返回菜单。"这样的话能"噎"死人。这位女孩对此十分生气。她认为，一个企业既然要做微信营销，就要下大力气，好好做，不能这样说话不接地气，而且自我中心意识太强，丝毫不为用户着想。

其实，我们也能看出，的确很多公司在微信、微博上的话语都太过官方，而且与粉丝的沟通不接地气，一句话能"噎"死人，要不就是说不上几句话就没有了踪影。太过自我和官方，这是很多企业营销不善的一大关键症结。

事实上，企业想要吸引粉丝，留住粉丝，获得营销成功，大可不必抱着"官方"不放，稍微"抛弃"一下自我，多与粉丝进行接地气的沟通，甚至开开玩笑、说几个段子，互相调侃一下，更能够激活粉丝，带动粉丝的活跃情绪，让粉丝与企业距离更近。而且事实证明，那些接地气、丢掉自我中心意识的企业在微信营销中与粉丝的一些互动，更能够得到转发和扩散。

这就好比你新认识了一位朋友，这位朋友谈笑风生，说话十分幽默，而且善解人意，你与他相处时感到非常快乐和轻松，那么你一定会将他介绍给你的家人、好友，大家一起同乐。但是如果你新认识的这位朋友十分自我，十句话中九句不离客气、官方、自我，那么，你不可能与他继续相处下去，更不可能将他介绍给自己的朋友圈。

微信营销也是如此。而能够做到与粉丝接地气地互动、丢掉自我中心意识的企业也有不少。

有一家烤鱼餐吧，它的微信粉丝很多，而且每个粉丝都能够与该店的微信号打成一片。有一天，我们也忍不住想要添加这个粉丝一致叫好的企业。下面是我们与"味妙烤鱼吧"的互动。

一开始，我们想先了解一下订餐服务。于是我们发送了请求，对方立刻就给我们发来了订餐电话和详细内容。这让我们对该店的印象一下子就提升上去了。接下来，我们继续与该店微信号互动，想探究一下该店与粉丝的互动是不是接地气，是不是完全没有自我中心意识。

通过与烤鱼吧的聊天，我们可以得出：这家店在微信公众号上完全放下了那份自我中心意识，并且与粉丝聊天几乎是秒回，不会让粉丝等待太久，说明这家店做到了接地气，让粉丝十分喜爱。

另外，在与粉丝聊天中，企业根本没有提到关于烤鱼吧的内容，更别提那些官方话语、企业宣传话语了。有的只是与粉丝之间的调侃互动、互相斗嘴。这样反而让粉丝感受到了新奇和好玩。

我们认为，一个好的企业一定要认识到粉丝的关键性。要丢掉自我中心意识，不要给粉丝带去狂轰滥炸般的广告信息、官方话语。只有接地气地与粉丝互动，才是好的营销策划。

第 15 计
粉丝的质量比数量更重要

不要被那些3个月100万个粉丝的案例冲昏了头脑,粉丝再多,如果不能转化成价值,依然毫无用处。我们需要的粉丝是那些目标粉丝,粉丝的质量比粉丝的数量更重要。

第15计　粉丝的质量比数量更重要

◇利用共同兴趣激发兴奋点

在微信营销中，如果你的企业不能制造出一些令用户感到新奇、好玩的东西、活动，那么我们相信，用户不会持续关注你，更不会为你转发、宣传，甚至还会取消关注。

因此，企业在对微信公众号进行设计的时候，不但要使其具备基本的功能，比如，餐饮企业必须要设置一些自助点餐、订餐等功能，还可以进行与用户之间的互动评论。当然，更要突出企业的其他方面，而这个其他方面一定是能够激发用户兴奋的点。

这就好比你去一个景点旅游，那里山清水秀，环境优美宜人，酒店服务周到，这些其实都是这个景点所具备的基本功能，但是真正吸引我们去观光的不只是这些，更重要的是景点的特色，即这个景点能不能激发游客的兴奋点。大部分的景区都大同小异，仅仅是这些基本功能齐全，除此之外再没有引起游客兴趣的地方。因此，很多游客往往游完便后悔了，甚至还会回去和家人说那里的不好。这样一来，景点的策划不但没有引起游客的兴趣，反而损坏了景区的名声。但是，如果我们一提起香格里拉、丽江、凤凰古城，那么我们就会不由得心中一动，因为这些地方不但山清水秀、有干净的旅店，更重要的是有让我们兴奋的点。一提起巴黎、普罗旺斯，就会心存向往，期待浪漫、神秘的邂逅等。

在微信营销方面也应当如此，不要只是将一些基本功能设置齐全，就以为万事大吉了。用户关不关注你、喜不喜欢你的产品、你的优惠活动能不能激发用户的兴奋点……这些都是十分重要的。要是你的微信信息没有新意，品牌活动也不够刺激、新奇，就算微信公众号的功能再齐全，也很难让人喜欢。所以，想要做好微信营销，不可多得的利器之一就是要寻找一个用户的共同兴趣点，来激发用户的兴奋点，吸引用户去关注、去宣传。

今年32岁的小李经营着一家私家烘焙店，三年前因为一些私人原因她把原来的工作辞了，闲着没事决定把自己擅长的烘焙拿出来做点小生意，就这样，烘焙店诞生了。

最初她经营的是淘宝店，有顾客订了蛋糕、点心，她做好就用真空包装密封，然后快递出去。虽然小李的烘焙技术的确很有水准，但很多商品经过快递之后原先的造型就没有了，而且味道也不如刚出炉新鲜，所以生意一直都没有起色。若不是老公的鼓励，她都不想做下去了。

既然要坚持，就必须让生意好起来。经过仔细思考，她决定开一家实体店，把网络营销转移到区域营销上来。

经过几个月的准备，小店开张了，有了铺面，小李决定拓展营销手段，让周围的人都知道这里有一家好吃、健康的私家烘焙店。

除了传统的宣传手段，她还在自己的淘宝店、团购网进行宣传。最重要的是，她也尝试着利用微信一起来宣传自己的商店。

经过一段时间的累积，以及在网店上的宣传，小李的微信上逐渐也有了200多个好友。可是如果要让微信营销真正发挥更大的作用，这点人气远远不够。

如何能够聚集更多的微信关注度呢？小李对整个营销模式进行了重新思考。之前她采取的是传统手段，一味地宣传自己的产品和优惠。但是经过一段时间的探索，她发现要靠微信维系客户，收费的东西永远不如免费的有效。

什么样的活动能最大化地吸引客户呢？

这就要从自身经营的特点开始考虑了——小李的烘焙店属于私房性质，她本身就是烘焙爱好者，是靠着对烘焙的兴趣来做事的。在选材上，她也尽可能购买纯天然、少添加剂的原料，而且自己的店里有一个操作间，操作间里从原料到设备都非常齐全，并且空间足够，可以同时容纳10多个人一起操作，这其实都很符合烘焙爱好者的习惯。所以想来想去，小李决定把微信的营销对象从普通人转移到烘焙爱好者身上。

于是，小李组建了一个"烘焙爱好会"，只要是喜欢烘焙的人，都可以免费入会，入会以后有一个好处就是她会每周定期在自己的小店组织烘焙沙龙，参加沙龙的烘焙爱好者们可以免费在她这里学习烘焙技术，交流心得。

确定了这个想法之后，她突然意识到还有一个关键问题：烘焙的原材料

第15计 粉丝的质量比数量更重要

因为都是纯天然的,有些成本比较高,每次沙龙都需要耗费很多材料,如果全部免费,这笔开支也会成为比较沉重的负担。最终,她定了一个折中的方案——每次活动参与者需要自带原料,如果不带原料,可以在她的店里以成本价购买。

确定了活动方案,她尝试着通过微信发布了相关信息,并将自己的操作间照片和一些原料图片附加在信息中。没想到当天就有三个人报名,两天后报名人数增加到了七个,第一期沙龙如约举行。

从那时开始,每次小李召开烘焙沙龙,人数都会增加几个,到最后操作间容纳不下了,只好分期分批举行。除此之外,在"烘友"的广泛宣传下,几个月下来,小李的微信粉丝迅速增加到了700多个,顺利完成了微信公众号的认证。

后来,在微信群友们的建议下,小李弱化了蛋糕、桃酥一类成品点心的销售,把中心转向烘焙原材料的销售。在此之前,很多"烘友"要在家自己做点心都只能通过淘宝邮购材料,现在小李这里有材料出售,品质地道而且价格也不高,他们当然非常高兴。很多人在参加烘焙沙龙之后,就会买上一两百元的材料带回家,如今小李的商店仅这一项的收入每个月就有上万元。

通过小李的微信营销案例我们可以看出,尝试着以兴趣爱好聚集一群人,弱化一些商业的味道,强化一些志同道合的感觉,其实更容易贴合微信营销本身的特质。

比如,小李就很聪明地利用了自己有操作间和设备的便利,组织起一批人加盟到自己的"烘焙爱好会"中。虽然在这个过程中她也需要付出很大的精力和时间去组织活动,但从另一个角度来说,加盟爱好会的人都是自己的客户和"营销人员",他们不仅会在店里产生消费,还会向朋友宣传你的爱好会,相比这些成果,付出的那些精力和成本其实是很值得的。也正是因为小李愿意付出这样的成本,才成就了越来越好的生意。

当然,任何一种营销手段都不是"万金油",一招鲜吃遍天的事情在营销领域永远不会出现。小李能做成功的事情,不见得其他人就能做成功。在经营过程中,我们会发现真正的硬实力才是决定成败的关键因素,营销方案、宣传渠道都只是展现硬实力的通道而已,就算微信营销做得再好,也不能让劣质商品被大众接纳。

◇粉丝越多越好是一个误区

无论是在衡量一个微信号的价值时,还是在进行微信营销时,粉丝数量都是一个重要指标,粉丝越多,经计算得出的微信价值就越高。但是,粉丝的数量绝对不是唯一的衡量标准。粉丝也并不是越多越好,更重要的是粉丝的质量,再多的"僵尸粉"也不如一些活跃的微信粉丝来得实用。

然而,到目前为止,很多企业却陷入了这样一个误区,只将粉丝数量作为考核微信营销的唯一指标。部分企业甚至不惜花大价钱来买粉丝,从而导致粉丝市场的一片繁荣景象。这不仅是国内特有的现象,在国外同样也是这样。

比如在美国,250000名粉丝的"批发价"是2500美元,相当于每增加1名粉丝花费1美分,便宜得让人吃惊。这些被"出售"的Twitter粉丝大致可分为两类:一类是通过专业软件搜索而来的"目标粉",鉴于双方有着类似的兴趣爱好,关注对方之后,对方往往也会投桃报李;另一类是由垃圾邮件发送器创建的"僵尸粉"——又名"机器人"。在线营销公司Fiverr更是打出了"花5美元,当千夫长"的促销广告。

在国内,"僵尸粉"市场也可以分为两类,一种是找公关公司买,一天买10万个、100万个都有可能;另一种情况是找微信运营商买,找腾讯给你资源位,将你的微信号推到微信用户的面前。"僵尸粉"市场也会明码标价,一些网上专门售卖"僵尸粉"的网店还提供了多种消费选择,很多商家打出"套餐活动"的旗号,例如,1000个粉丝+400条转发+20条评论= 108元;100次转发8元;只购买粉丝的是8分钱1个,100个起卖。

除此之外,这些商家还兼营代发广告的业务,粉丝越多的微信号发广告的价码也越高。国内的市场行情大概是,有10万个粉丝的微信号,发广告信息的价码是300元1条,20万个粉丝的是600元1条,30万个粉丝者是900元1

第15计 粉丝的质量比数量更重要

条,600万个粉丝的则到了2万元1条。

  供需相结合便会产生市场。一方面,微信号期望获得关注,将粉丝数作为衡量微信号价值的重要因素;而另一方面,有些人一晚上就能刷出2万个"僵尸粉",供需相结合,"僵尸粉"市场便是这样产生的。

  这或许会让我们想起去淘金的两个人的故事,一个人去淘金,一个人却发现了另一个机会,去卖水。企业利用微信营销还未取得正果时,"僵尸粉"市场却已是风生水起。但问题在于,这种方法真的有意义吗?这毕竟不是淘金与卖水,"僵尸粉"市场严格来说是游走在法律边缘的灰色区域,新浪微博已经打击了20万的"僵尸粉"。先不说这数字背后是一个个虚拟的用户,对于企业的营销没有任何价值,就是单纯这个数字都不一定能保住,说不定哪天你的"僵尸粉"就被新浪给消灭了,想到这里你还要"僵尸粉"吗?

  粉丝数量是一个容易量化的指标,但绝对不是微信营销中最有价值的指标,正确地认识微信营销的价值,不将微信的价值局限在粉丝数量,是企业开展微信营销的第一步。企业微信营销的价值不在于企业的微信号目前拥有多少粉丝,而在于企业有多少用户(潜在用户)在微信这个平台上,这才是企业挖掘微信价值的原动力。至于微信号有多少粉丝,那是企业自己运营策略的问题。

  其实,企业微信号增加粉丝不是最难的事,留住粉丝并将其转化为用户才是核心。所以那些连微信日常运营都没有做扎实的企业,即使短期内增长了粉丝,恐怕也会慢慢流失,所以不要急于求成。企业进入微信这个平台,一方面要熟悉用户、平台,另一方面要在运营过程中不断摸索运营方法,积累人气,然后逐步推广企业和品牌,才是正道。除此之外,对于企业而言,衡量微信营销价值的标准更应考虑转化率。转化率,即在一个统计周期内,完成转化行为的次数占推广信息总点击次数的比率,衡量的是微信内容对访问者的吸引程度以及微信的宣传效果。要提高微信的转化率,重要的还是要做好微信的内容建设,唯有有料的内容才是王道。

第 16 计
创作内容一定要有自己的观点

怎样创作内容？内容一定要原创吗？不一定，如果你不想打造行业领袖的地位，内容不一定要原创。可是你一定要做一件事情，就是要加入自己的观点！

第16计 创作内容一定要有自己的观点

◇签名栏是一个很好的"广告位"

微信中的个性签名与QQ个性签名一样，当别人搜到你的微信号时，会看到那句精湛的话语。当然了，一些有心的商家就将这个区域当成了自己的"广告位"。很多企业将其业务、工作性质、宗旨等放在这个签名栏上，让用户能够在第一时间看到。

曾有位专家说："在微信营销的所有功能中，最能体现出网络营销价值的就是签名栏这个功能。"其实，签名栏可以让很多企业展示优惠消息、促销活动，并且吸引更多新客户，可谓是让企业家们事半功倍。

现在很多大品牌都纷纷利用微信来营销和推广产品。当然了，不只是公众号的大力宣传和群发消息等，绝大多数企业都会有很多微信小号，企业可以用这些小号来吸引粉丝，推广自己的商业信息，与粉丝一对一沟通，还可以建立微信群，进行群聊。

当然，这就更加突出了个性签名那不可忽视的"广告位"。很多租房机构、旅行网等都喜欢用微信上的个性签名来做营销策划。比如，在搜"租房"二字时，会出现一系列的微信号，在其签名中，我们可以看到众多租房机构的个性签名广告，而一个简洁、上口的签名必定能招来粉丝的喜爱。

其实，从微信运营本质上来说，这一个性签名是一个十分有效的广告位。对企业来说，不但广告覆盖面积大，而且效率和回报也是很高的。另外，从广告投入方面来看，微信这种个性签名的资金投入基本为零。因而，利用微信个性签名打广告不但更加实用，而且更为强大，能有效、快速地吸引客户，也让企业用户对它颇为依赖。

当然，对企业而言，利用签名来营销的确是一种好方法。但是具体的方式还需要企业去慢慢策划。下面，我们来介绍一下怎样策划签名广告。

1. 设置一个抓人眼球的签名

企业工作人员可以在微信小号上为自己设置一个有个性和创意、能够吸引粉丝眼球的签名。当然这个签名也必须要符合企业的宣传策略,事实证明,只有抓人眼球,才能吸引人的注意,让别人多看你一眼。这就好比在一群人中,只有你标新立异、穿着亮丽,才能赢取众人的视线。个性签名也是同样的道理。

怎样的签名才是抓人眼球的签名呢?必须要符合以下几点:简洁、突出企业定位、富有创意。很多较为复杂的签名往往不受重视,即便是你有万千文采,用户也不会去看一眼。

2.通过"附近的人"功能来展示自己的签名

在微信中,只要你打开"附近的人",就可以看到附近的人的一些内容和信息。当然,附近的人也会看到你的信息,这是一种直接吸引粉丝用户的方式。因此,在这个功能中,你必须要让你的签名发挥广告宣传作用。你可以在个性签名中,写上自己企业最近的优惠和宣传活动,这样附近的用户就能在第一时间内看到你的广告,从而才会吸引一些感兴趣的朋友来参加活动。

如今,很多企业都很重视这个功能的应用,有些企业甚至会雇用一些专人24小时在人流密集的商业区查看"附近的人",这些地方人流密集,在用微信的人也格外多,再加上是商业区,客户大都奔着商业优惠而来,如果企业能够将自己店的优惠和广告发在签名上,那么在这些兴旺的商业地带的人们就会在第一时间看到你的信息。

事实证明,这样的微信签名广告并不比那些户外大屏幕、宣传栏上所打广告的效果差。随着微信用户数量的不断上升,这个简单的个性签名会成为时下最流行、最具价值的移动"广告位",也势必会获得越来越多企业家的青睐。

◇依靠内容打造吸引力

微信的吸引力从内容开始,内容是赢得人们掌声的第一步!只有精彩、有吸引力的内容,才能迅速抓住客户的眼球,增加客户黏度,还能带来新的粉丝,让你的营销熠熠生辉。所以,企业要非常重视这个环节。

内容就好比是人的内涵。如果把微信号和用户比作是一对相识的男女,那么只有微信号拥有了足够的内涵,才能对用户产生长久的吸引力,才能成功和用户

第16计　创作内容一定要有自己的观点

绑定在一起。招商银行的营销策划人就深谙这一点。

招行在率先和微信合作后,推出了"微信银行",它的公众号备受关注,并且很快成了佼佼者。且不说技术性的差别,究其最深层的原因,据业内人士分析,它能俘获消费者最主要就是靠内容做得好。就像小米创始人雷军说过的一句话:病毒营销的关键不在于渠道,而在于内容。当然,微信也是如此。

许多企业的营销人员其实对微信营销一知半解,但是看到别人做得风生水起,就热血沸腾,立即创办了自己企业的微信平台,唯恐输在起跑线上。然后做一个活动,寻求大V转发或者找自己的朋友转发,这种做法其实是失败的,活动被转发了却收获不到任何有实际意义的回报。所以,在做微信营销的时候,一定要注意,先做好内容,再做传播,这样才能赢取自己的市场。那么该如何打造"有性格的内容"呢?

我们不妨通过假设一个场景来将问题具体化:

>　　假设一家销售服装的企业要通过微信公众号发布自己的新款秋装,按照常规思维,我们应该强调的是款式、面料、做工及品牌。当然,不可避免的还有折扣后的价格,例如原价3688元,限时折扣2888元。这样的信息当然会吸引一部分人的关注。事实上,任何一条消息,都能够吸引一部分人的关注,但问题在于这部分能够被你吸引的人是不是你的微信推广对象?
>
>　　为什么很多营销手段都是重复、重复,再重复?是人们不愿意创新吗?当然不是!而是营销人不敢创新,因为创新意味着放弃大部分的接纳,去寻求所谓"小众"的喜好。就像秋装的信息推送,内容中所涉及的要素,也许是大多数人都关心的,但这种关心能否转化为购买行为,我们不得而知。
>
>　　但是,倘若我们知道更为详细的信息接收方的个人资料,事情会不会一下子变得不可思议呢?
>
>　　既然了解了某位客户的需求方向,那么在做信息推送时,是不是可以专门选择相应的产品来做推广呢?根据我们做过的一次为期一个月的营销测试,结果显示:如果可以按照客户的需求维度来推送产品信息,被关注度、反馈度和到店率能够比同时间段统一的信息推送分别提升57%、31%和18.5%。

仅仅一个月就可以做到如此成绩，倘若持续下去，我们相信可以在一年时间内做到提升到店率80%以上。因为被纳入到店率统计范围的用户都是通过微信的信息推送专门找来的，他们的消费可能性比普通客户要大得多。我们不妨假设其中会因为各种原因流失一半的客户，即便如此，也可以将销售额在短短时间内提升40%，这对企业营销来说，已经是非常成功的结果了。

根据我们经历的一些案例，我们认为，好的微信营销内容应该依照以下几步有计划地展开，这样才能步步为"赢"。

第一步，确认产品定位，根据定位锁定主题词。

营销内容要符合产品的定位，所以第一步就要确认好产品定位。"定位"二字的含义，是确定商品在市场中的位置，即企业决定把产品当成什么来生产和销售。以酒店来说，如果把它定位在"提供住宿"上，那么就应该强调其舒适度、价格合理等；如果把它定位在"身份的象征"上，那么就应该突出其豪华、奢侈、星级标准等。换言之，产品定位，是企业根据自身的条件，为自己的产品定好位、塑造好形象，以满足用户的某种需要和偏爱。

给产品找好了定位，我们就可以根据定位确定主题词。还用酒店行业来举例，比如微信号为innteam的酒店预订服务平台就做得很好，它们给酒店的定位既不是满足普通人住宿需求，也没有凸显其奢华，而是定位在"订房方便"上。具体有多方便，它们是这么写的，"微信开房，只需三步"，这样就能迅速抓住客户眼球，"只需三步"的三步也用得很巧妙，让人能很快感受到它的快捷、方便。接下来再介绍这三步，就容易吸引人们去了解。在这样的内容的引领下，酒店生意想不好都难。

第二步，分析客户希望看到什么，迎合客户需求。

有一次阿明坐高铁出差，旁边是一位妙龄女孩。她不断地翻看微信内容，大部分是一些女装搭配示范真人秀，她看得非常认真，还把图片放大了。因为阿明也在看，她误以为阿明是在看她，所以匆忙把手机收了起来，还来了句："你们想干吗？"阿明就赶紧解释说："我是微信营销培训师，可以帮助你分辨好的商家和商品。"最后阿明从她那里了解到了女性对服装营销类信息的真实需求。她说，对服装细分、分季节、分色彩、分风格地给出真人示范搭配，配上优美、清新的文字是她最喜欢看到的。在这之前，阿

第16计　创作内容一定要有自己的观点

明发现有些企业只注重图片，对配图文字并不重视。这件事之后，阿明在给一家服装企业做微信营销培训时，特地向其传达了这一点，效果果然很明显，没多久，该企业就多了一批"铁粉"。

如果你也是做微信营销的，就应该时刻有意识地关注身边正在使用微信的人，看看他们在看什么内容、什么样的内容是他们感兴趣的。

第三步，所写的文案要有创意，巧妙引导客户。

很多人在写营销内容时，习惯于用"关于×××"之类的话。老实说，这个严重OUT，尤其是在微信用户年轻化的现在，这种内容让年轻人提不起任何兴趣。就拿雨伞企业做例子吧！

徐丽在微信上营销雨伞，想把促销信息推广出去。于是，写了一段这样的文案："××牌雨伞限时促销，专卖店价格199元，现价99元，仅限3天，欲购从速……"然后留下一个网址完事了，结果可想而知。

后来她对这个文案进行了分析，没有多少对顾客的引导，纯粹是在靠价格做诱导，一点创意都没有。于是，在原文案基础上，她设计了新的文案："还有10天，就是'雨神'萧敬腾的演唱会了，朋友们都知道，看雨神的演唱会一定要准备的神器就是'雨伞'。萧敬腾不仅歌声美妙，而且品位超凡，他最喜欢的雨伞就是××牌雨伞……"这次虽然给的还是那个链接地址，但是通过后台监测发现，进店转化率高达85%，购买转化率高达50%。

同样的活动，不同的文案，同样的推广方式，就会取得不同的效果。

第 17 计
一切以顾客为中心

我们尊重顾客,可是千万不要讨好顾客。要取消关注的迟早会取消关注,只要你一直提供价值,要留下的总会留下来。

第17计　一切以顾客为中心

◇顾客就是"上帝"

　　企业的生存和发展都源于交换，顾客用他们的钱来换取企业的产品和服务。"顾客是企业的生命之源"，失去顾客的企业，是无法生存下去的。营销人员必须把良好的服务质量摆在首要位置，用"顾客就是上帝"的宗旨赢得企业的生存和发展。微商作为一种互联网商业模式，生存的基本要素就是客户，没有了客户，产品就没有了销路。没有人使用你的产品，那么就谈不上微商。

　　当下，很多微商经营者最容易犯这样一个错误，天天谈微商经营技巧、战略方针等，完全把客户放在一边，不懂客户的感受，最后虽然用了很多微商策略与方法，但业绩依然惨淡，客户依然不买账。

　　在微商中，所谓以客户为中心，就是指我们在经营微商的各个环节，使用每一个策略与技巧的时候，都要"以客户为中心"去考虑问题。由于微商是在一个虚拟的网络平台运营的，客户发展成本低，但也容易流失。因此，我们更应该以客户为中心，通过口碑推广来提升自己的品牌，推动自己的微商事业壮大与发展。

　　小丹是一个微商创业者，从事微商经营只有半年的时间，做的是某品牌的化妆品。由于自己经营的产品比较热销，加上总公司的大力支持，业绩越做越好，在第六个月的时候就已经做到了月销售额5万元。但是在第7个月的时候业绩开始下滑了，这是什么原因呢？

　　从她的一个客户那里我了解到了业绩下滑的真正原因。那个客户告诉我，有一次给她发的货有些问题，与小丹第一次协商，说第二天给解决；等到第二天，没反应，她再找小丹，小丹找了个理由说3天后解决；3天之后再说，小丹依然往后拖。之后再去找小丹，就没有回应了，最终问题一直没得到解决。为此，她不再买小丹的产品了。

相信与小丹接触的类似这样的客户还有很多，因此她的业绩才会逐渐下滑。当一个人忙碌的时候确实会忽略一些事情，也许小丹没有解决这个客户的问题正是因为忙碌。但是，作为微商，不管我们多么忙，都要牢牢把握"以客户为中心"这个原则，不要侥幸地觉得失去一个客户没什么。要明白，当失去一个客户的时候，失去第二个、第三个客户已经离我们不远了。

在微商经营中，"以客户为中心"的两大方法是客户参与和客户服务。

所谓客户参与，是指不管在制定经营策略时还是在产品营销推广中，都要以客户为中心，邀请或者引导客户参与到其中，促使客户对你的产品进行口碑营销。此外，在有条件的情况下，还可以邀请客户体验你的产品、参观产品的制作工艺等，从而让客户感受到真切的尊重感。

所谓客户服务，是指在与客户沟通交流、产品出现售后等方面的问题时，要站在客户的角度去考虑解决问题的方式，急客户之所急、想客户之所想，甚至在产品包装、风格设计、物流等方面也可以参考客户的意见。这样，一方面，我们的产品服务质量会有很明显的提升；另一方面，可以最大限度地赢得客户的忠诚度。

一切以客户为中心的服务，首先要做好无条件服务，这也是售后服务的重要一环。无条件服务是指不管在什么情况下，都要满足顾客的需要，维持与用户的良好关系，这是一项永无止境的工作。

以顾客为中心的服务是竞争策略的体现，据南京消费市场的调查显示，在被投诉的商品中，服装、鞋类占70%，食品占20%，投诉的内容主要是针对企业的服务水平而言的，可见企业服务意识在市场竞争中所起的作用之重要。营销人员应该把以服务为中心的市场竞争策略贯彻到市场经营活动中。

美国国际商用机器公司在技术方面一直处于领先地位，它的优势还表现在致力于售后服务方面，能对每位顾客的意见在24小时以内作出答复。为了确保服务质量，公司每月都进行一次调查，反复、细致地了解顾客的需求，使用通俗的语言为顾客介绍产品的性能与操作。美国国际商用机器公司采取的是一切以顾客为中心的服务市场竞争策略。

许多公司不断追求高满意度，因为那些一般满意的顾客一旦发现有更好的产品，便很容易会更换供应商，而那些十分满意的顾客一般不打算更换供应商。高满意度和愉快创造了一种对品牌情绪上的共鸣，而不仅仅是一种理性偏好，正是这种共鸣创造了顾客的高度忠诚。

　　TCL移动通信有限公司是一家致力于移动信息终端产品研发、制造、销售、服务的公司，一直贯彻以顾客为中心的服务宗旨。在2004年第五届CCID中国手机用户服务满意度调查活动中，TCL移动通信一举夺得2004年度"用户满意度奖""服务创新奖"和"承诺兑现奖"3项大奖。

　　1999年TCL移动通信就注册了"移动天使"服务品牌，成为国内第一个通信产品服务品牌，专门为TCL手机提供专业化的移动通信售后服务；2000年9月，TCL手机正式向消费者承诺实行"三包"，成为国内最早实施"三包"服务的手机厂商之一。在他们看来，客户服务，例如配件的维修替换、技术支持、专业服务、产品的回访、现场技术服务等比产品本身还重要，它将在产品的整个生命周期中为企业产生收入。在"移动天使"服务品牌的塑造和巩固过程中，TCL移动通信始终坚持客户信息共享，让维修人员、产品设计人员、管理人员都能知道自己公司的故障处理速度。变被动服务为主动服务，建立服务人员奖励机制，让客户服务成为提高销售效率的最重要因素之一。

　　TCL移动通信真正做到了以顾客为中心，它们坚持"移动天使贴心服务"的理念，实现打造一流服务目标，这是完成企业国际化战略布局的重要一环。

（摘自《超有效的10堂销售技巧课》）

　　满意的顾客可以提供大量可信的口头广告，在顾客做购买决定时，亲朋和熟人的推荐比公司掏钱做广告的影响要大得多；现有的那些老顾客比不了解你的潜在顾客更有可能表现出采购热情。

　　满意的顾客不会为了新产品或较低的价格而随便离去，他们留下来的时间越长，你的赢利也越多。

　　今天，没有哪家企业会不明白用户满意的重要性，大量的事实表明，满意的客户能够给公司带来收益的增长和成本的节约；顾客越喜欢你，他们就买得越多，忠诚的客户愿意支付更高的价格，他们总是愿意从那些要价虽高但服务较好的公司进行采购。

◇一团和气好生财

古人云："和为贵"，今人曰："和气生财"，都说明一个道理：只有与人为善，待人谦和，尊重人，才能赢得人心，凝聚人心，占领市场。

坚持"和气生财"就能实现互利共赢。随着世界经济全球化的发展，早已形成了"你中有我，我中有你"的相互合作、相互依存的市场经济关系格局。

和为贵、合则全，这是自然的法则，人与人之间更应该如此。圣贤的思想就是依据这些原则形成的，人与人的合作也是根据这些原则而建立起的一种互相依存的关系。然而，人们在相互交往时常常走向它的反面。关系闹僵、翻脸不和时，合作的关系便被破坏了，彼此都把对方视为仇敌，并把对方说得一无是处、一钱不值。

和气生财，"和为贵"，商场上很忌讳结成仇敌、长期对抗。但是在某种利益的驱使下，商场上很容易争执不下，甚至争斗不休。或者因为一笔生意受到损害，从而耿耿于怀。但是，无论如何，都没有反目成仇、结成死敌的必要。

在市场里，一位老妇人的摊位生意特别好，引起其他摊贩的嫉妒，大家常有意无意把垃圾扫到她的店门口。

这位妇人本着和气生财的道理，不予计较，反而把垃圾都清到自己的角落。

旁边卖菜的年轻人观察了她好几天，忍不住问道："大家都把垃圾扫到您这里来，为什么您不生气？"

老妇人笑着说："在过去有个风俗，过年的时候，都会把垃圾往家里扫，垃圾越多就代表会赚更多的钱。现在每天都有人送钱到我摊位上，我怎么舍得拒绝呢？你看我生意不是越来越好吗？"

从此以后，那些垃圾就不再出现了。

做生意讲究的是"和气生财"，只有心平气和、细心周到才能赢得买家的心！顾客到店里来，就是商店的客人，无论买与不买，营业员都要以礼相待、热情服务，不能有"你是来求我的"思想，不能待顾客态度冷淡、语言生硬，甚至顶撞顾客。

"以和为贵"自古以来就是一种经商之道。有人才会有商，如果世界上只有你一个人，就不会出现"经商"这个词。所以，经商的基础是交际，交际的基础是人与人之间的交流。在交流的过程中最终彼此能否合作共赢，"和"是其中的一个主要因素。如果你和对方没说两三句就吵了起来，那么彼此就不会合作；如果你和对方有一些小矛盾，即使有再好的项目，彼此也很难一起合作，对方也不会找你。这便是"和"在商业中的重要性。

做微商也是一个与人交流的过程。不管你是通过微信朋友圈做微商，还是通过微博、QQ做微商，要让对方对你产生好感，相信你的产品，首先要与对方有一个"和"的关系基础。有些微商让人搞不懂，把自己代理的产品当作宝贝，似乎市场上只有他一家有此产品，此外无处可买。与客户交流理直气壮、爱答不理，由得顾客爱买不买。还容易冲动，动不动就与客户吵起来，甚至用言语讽刺客户，致使客户对其彻底失去信心，没有了任何联系。

微商和淘宝有着很大的区别，淘宝的生态基础是商品流，随后形成人流；而微商的生态基础是人流，之后才形成商品流。也就是说，微商是一个以人为中心的商业模式，这是微商的根本。

进一步分析，淘宝、天猫这样的平台收入主要依靠的是广告，这使得一些小商家很难遇到真正的客户。而微信按照成交量向微商收取费用。在这种状态下，微商经营者就需要将精力放在人上，因为这也是微信的根本。

此外，淘宝的销售对象是所有网民，而微商做的是圈子销售。比如微信中的朋友圈，里面大多都是自己的亲友。一旦我们脱离了"人"，就非常容易失去诚信，诚信一旦失去，将很难挽回。因为马上会出现"扩散效应"，一个人会将你的不诚信传递给他身边的很多人，这将是非常可怕的事情。所以，做微商，以人为本是重中之重，一定不可忽视。

具体来说，在微商创业中，"以和为贵，以人为本"涉及以下几个方面。

1. 好友的数量

好友数量是做微商的基础，如果你的好友只有二三十个，做微信营销是相当困难的。当然，我们可以通过后期的努力提升好友数量，只有好友达到上百个之后，微信营销才会有一定的效果。

2. 个人素养

主要是为人和气。如果你是一个摆地摊或者做淘宝的，和客户吵一架或者说话强硬一点，都不会有太大的影响。做微商的话，你的客户可能都是你的朋友、同学、同事，甚至亲戚，一旦出现不"和"，就可能失去他们对你的信任，影响你整个微信营销的业绩。

3. 人脉关系

这里的人脉关系指的是，除了你的同学、朋友之外，你还需要去认识一些更加优质的朋友，比如之前的客户、合作伙伴、有一定社会地位的人等，这些人脉资源将对你的微商经营起到非常重要的推动作用，因为这些人可能是社会上层人士，可能有钱，可能有地位，如果能够得到他们的支持，微信营销将会取得更好的效果。

第 18 计
重视互动

微信营销要重视互动。因为它不像微博，可以吸引大量的人转发和评论，只有通过与顾客的沟通来取得顾客的信任。

第 18 计　重视互动

◇沟通是一门艺术

　　微商最重要的就是获得别人的信任。也就是说，我们要用沟通的方式获得对方的信任，要做好这一点，需要有一定的技巧和策略。

　　首先，我们应该有一个真心沟通的心态。对于一些刚加的微信好友，我们要拿出自己的诚意，真心实意地去关心他们。不要仅仅把他们当作自己的目标或者潜在客户，以对待朋友的心态对待他们，与其进行沟通。这样，对方才能感受到我们的真心，从而愿意真心与我们沟通，甚至在某些观点上产生共鸣。这样，我们就会自然而然地赢得对方的信任。

　　在微信好友数量越来越多的时候，我们可能会忘记某些好友是做什么的。当对方和我们打招呼的时候，我们就很难找到沟通的切入点。对此，对于微信好友的职业或者特性不妨做一个备注。这样在开始沟通的时候，我们就可以从他的职业或者特性作为切入口。对方就会觉得我们记住了他，觉得他在我们心中有一定的地位，自然会对我们产生好感，沟通也就会变得容易得多。

　　　　形形是做女性美容保养产品的。有一天，一个女性微信好友给她打招呼，发了一个笑脸，她也回了一个笑脸。之后对方就没再回复，形形当时也不知道如何与对方开始沟通。
　　　　之后形形翻看了对方曾经发布过的朋友圈信息，发现对方是一个产妇，而且曾经和自己沟通过。由于最近忙，形形忘记了对方的身份。于是她马上对其进行了备注，然后向对方发信息："孩子最近还好吧？您身体恢复得好吧？"这两句话一说，对方马上打开了话匣子，最后还买了形形的产品。

　　当然，微商沟通除了以上所说的感情联络沟通之外，最重要的是与对方洽谈商品交易时的沟通，这关系到你的产品是否能够卖出去。

◇ 不要一味地推送绚丽的信息内容

很多企业在做微信营销的时候，总是忙着将大量的信息内容发送给一些潜在的用户，就是为了能够与用户产生沟通的话题。但是，这些企业并不知道，所有的价值都来自沟通。如果你只是推送一些好的内容，而不是与用户进行细致的沟通，那么用户还是无法深入了解你。

还有一些企业明明意识到了要与客户认真地沟通，但却不懂得方法。比如，有些用户会咨询企业一些问题，而企业却如同机器人一样，用户问什么就答什么，根本不与之进行真切的交流。这样的企业以为只要答复了用户的问题，就算是进行了深入的交流与沟通了，其实并不然。

企业要换位思考一下，如果你是用户，你并不清楚企业的性质、产品、风格，所以你问的问题可能很单一，也可能很肤浅；你想要了解更多，但是却不知道该怎样入手。所以，你往往对那些只会简单回答问题的企业没有什么好感，而更希望企业来主动询问你一些问题。

这就如同老师给学生讲解一道数学题，而学生对讲解有一些不明白的地方，但是不知道该如何表达。所以需要老师来主动地问一下学生，有哪里没听明白、某个公式记下了吗、某个单位换算搞明白了吗……只有这样，老师才能知道学生不明白的地方从而可以着重讲授。如果你不问学生，可能学生就会将问题装在心里，过后就忘了。

企业做微信营销也是如此，必须要主动创造与用户之间的互动机会。比如，可以考虑询问用户更多问题的方式，这样一来，对用户的了解就更广泛了。比如，某个服装网站会定期与用户进行真诚的互动。在这个过程中，企业会询问用户想要知道什么内容、喜欢什么时间来接收这些信息内容。更多时候，企业希望用户能多提一些意见，这样才能更好地满足用户的心理要求。

有时候，真诚的语言不仅会给我们带来成功，还可能带来神话般的奇迹。

第18计　重视互动

反之，如果一个人在语言上，不遵循"诚能感人"的原则，就会失信于众，轻则影响个人的形象和声誉，重则危及组织的前途和生存。

　　一个平凡的业务员，在做了十几年的推销工作后，十分反感和厌恶那些长期以来用强颜欢笑、编造假话、吹嘘商品等招揽顾客的做法。他觉得这是生活上的一种压力，为了摆脱这种压力，他决定对人要以诚相待，不对顾客讲假话，要以一颗真诚的心来对待他们，即使被解雇也无所谓。出乎意料的是，当这种想法浮现在大脑后，他顿时觉得自己的心情比以往更加轻松起来。

　　这天，当第一个顾客来到店里，问他店中有没有一种可自由折叠、调节高度的椅子时，他就搬来椅子，如实地向顾客介绍。他说："老实说，这种椅子质量不是很好，我们常常会接到顾客的投诉和退货。"

　　顾客说："是吗？很多人家都用这种椅子，我看它似乎还挺实用的。"

　　"也许是吧。不过，据我看，这种椅子不一定能升降自如。您看，没错，它款式新，但结构有毛病。如果我隐瞒它的缺点，就等于是在欺骗您。"这位业务员耐心地给顾客解答。客人追问："你说结构有毛病？"

　　"是的，它的结构过于复杂精巧，反而不够简便。"

　　这时，业务员走近椅子，用脚去踩脚踏板。本来要轻踩，但是他一脚狠狠踩下去，使椅面突然向上弹起，正好撞到顾客扶在上面的手。业务员急忙道歉："对不起，我不是故意的。"

　　没想到客人反而笑了起来，说："没关系，不过我还要仔细看看。"

　　"没关系，买东西如果不精心挑选，会很容易吃亏的。您看看这椅子的木料，品质并非上乘，贴面胶合也很差。坦白地说，我劝您还是别买这种椅子，不如看看其他牌子的，要到其他店看看也可以，说不定那里会有更好的椅子。"业务员说。

　　客人听完这番话，十分开心，要买下这把椅子，并马上取货。但是，等到这位顾客一走，业务员就立即受到经理的训斥，同时被告知到人事部办理离职手续。过了一个小时，业务员正整理东西，准备打包回家时，店内突然来了一群人，争相购买这种椅子，几十把椅子一下子就卖空了。

如果一个企业不注重与用户的认真沟通，只是一味地推送绚丽的信息内容，很容易让用户产生视觉疲劳和审美疲劳。毕竟机器是死的，人是活的。如果能够与用户进行一种真切、认真、诚恳的直面对话交流，用户势必能体会到你的用心良苦，还可以让用户感受到你是将他当成朋友对待的，这样一来，用户对你的亲切感就会加倍提升，从而就会对你多些好印象。

当企业与用户之间进行一对一的对话交流时，用户会体验到一种被重视的感觉。比如一个有很多粉丝关注的大品牌，如果一位用户得到了该品牌的尊贵待遇，与之一对一真诚交流，那么对这个用户来说，不但会有一种被重视的感觉，也是一个彼此了解的机会。当然了，对企业来说，一定不能对这样的互动马马虎虎，要认真对待，认真询问用户的心思和建议，为用户解决疑难问题的同时还要让客户与你成为朋友。

照此发展下去，这个用户一定会成为企业的铁杆粉丝，还会在他的朋友圈等空间为企业主动做宣传。所以说，与用户进行真诚的交流和沟通是企业不可多得的一大微信营销利器。

◇不要忽视后台的互动作用

在微信营销中，很多商家认为，只要在微信公众号的前台展示一些宣传、活动、信息内容，就能吸引用户关注。但是，这么想的商家却忽略了关注自己的用户大概率是对企业品牌感兴趣的人，想要用这种"广告发射器"的方式来与粉丝互动，就大错特错了。

有一个书店，专卖日本动漫书籍，其实体店拥有很多老客户。这些客户大都非常喜欢这里的书籍和影音制品。当然了，微信推出最新版之后，

第18计 重视互动

老板也迫不及待地加入了微信营销的队伍之中。然而，在微信营销过程中，老板只顾着发送广告，甚至将微信当成了广告发射器。而且这家店的老板只是一个人在维护这个平台，很少在后台记录读者的一些信息和关注的问题，在前台也忽视了与用户的互动。一段时间之后，该店微信号的关注度不但没有上升，反而下跌了不少，而店里的生意也变得冷清起来。

其实，这个店老板的失误就在于不太注重后台的作用。什么是所谓的微信营销后台呢？其实就是针对微信公众号的维护平台。商户在微信营销中不但要注重在前台与粉丝互动，还要在后台专门记录粉丝的问题，便于快捷地与粉丝沟通互动，并且引导粉丝积极参与品牌活动。当然，商户也可以通过自定义回复来推广优惠活动，但一定要注重与粉丝的诚意沟通。

如果你只是在前台发送广告炮弹，粉丝们终究会对你的这些手段有所厌恶，从而取消你的微信号的关注，甚至还会四处"诋毁"你。而如果粉丝看到了你的"诚意"，与你的互动让他感受到了不同的体验，那么这个用户还会主动将该品牌的信息和公众号推广并分享给好友。

注重后台的运作，还需要发挥品牌商家客服的作用。当用户在微信公众平台咨询我们时，我们就能看到他的需求，所以互动时，就不需要客套，直接开始就可以了。而且微信很注重互动的私密性，当用户与你互动时，你的回答一定要表现出诚意，这样才能将微信的私密互动特点发挥到极致。这也是微信公众号后台的一个重大作用。

第 19 计
做好产品营销策划

在准备营销产品之前,做好整个产品营销策划,推送的内容最重要,因为内容会直接影响读者的购买,内容预热是最好的方法。

第19计 做好产品营销策划

◇ 餐饮企业的微营销

餐饮业是一个非常适合微信营销的行业，在微信营销发展的这几年之中，微信营销也受到了众多餐饮业商家的喜爱和欢迎。当然，这其中最重要的原因是在餐饮业内微信营销相对来说成本低，回报却很高。

那么到底怎样才能利用微信营销来做好餐饮业务呢？

2012年8月28日，星巴克正式入驻了微信，开启了微信营销业务。当时星巴克认为，数字媒体和电子商务是非常重要的业务内容，也是较为符合潮流的商业行为。而星巴克微信平台则正好迎合了当下年轻人、白领人士的一大需求。星巴克还为自己的微信公众号设置了温馨的签名，让你关注星巴克的那一瞬间，就成了它的好朋友。不但加强了用户对星巴克的认可，还有利于用户推广星巴克。餐饮业都可以学习星巴克，为自己打造一个温馨、充满关爱的签名，以此来吸引用户关注。

另外，星巴克更注重与用户的互动。作为咖啡店的巨头，星巴克很醉心于网络营销，其微博和微信营销是双向发展的。在星巴克看来，微博营销应更注重一些品牌故事和动态，而微信营销则应更注重与用户一对一的私密互动。当然，星巴克的微信营销并不满足于文字、图片方式，更注重视频等传播方式。

比如，为了让用户感受到星巴克的创意和潮流，星巴克曾在2012年夏季，利用音乐与微信粉丝们进行互动，还推出了夏季冰摇沁爽系列创新饮品。

星巴克微信平台还推出了"自然醒"活动，关注星巴克微信公众号的粉丝只要发送一个表情，就可以获得星巴克微信团队为你呈现的特别的自然醒音乐曲目。另外，粉丝还可以与星巴克微信公众号展开丰富多彩的对话互动。

（摘自《解密星巴克的微信营销》）

试想一下，如果你是星巴克的粉丝，你在微信上享受到了这种贵族式的待遇，难道你会不喜欢星巴克吗？你当然会爱死它的。

另外，如果有什么最新的优惠活动或者其他节日活动，星巴克会在第一时间通过微信告知用户，而用户不只是可以看到活动信息，还可以与星巴克微信号沟通互动，以此来更加详细地了解活动内容。

星巴克的创意从未间断过。星巴克还借助微信推出了"星巴克早安闹钟"活动，以此来配合星巴克早餐的上市。星巴克的粉丝只需要动动手指，下载"星巴克中国"手机应用程序，在每天早上7~9点时段，在"早安闹钟"响后1小时内来到星巴克门店，就能在享用咖啡的同时，半价享受早餐新品。

星巴克的这种微信营销，我们认为餐饮业企业都可以拿来借鉴，利用微信营销来打造一个全新的餐饮业。根据星巴克的成功案例，我们总结出餐饮业微信营销的三点策略：

1. 打造品牌微信公众号

这是很重要的，这相当于对人的第一印象。比如，像星巴克那样，给自己设置一个标志性的头像和温馨、充满关爱的个性签名。

2. 与粉丝进行轻松、时尚的互动

星巴克通过推送音乐曲目的方式来巧妙地与粉丝进行互动，不但能够赢得粉丝的喜爱，而且还带给粉丝一种关怀感。这一方式有利于粉丝将其更好地传播和扩散，也十分符合喜欢星巴克的粉丝的内在要求。

3. 富有创意，优惠活动要宣传及时

无论是"冰摇沁爽·自然醒"还是"早安闹钟"活动，都体现出了星巴克的创意。这也告诉餐饮业企业，想要通过微信营销来取得成功，获得粉丝支持，就要开动脑筋，想出富有创意的活动和内容。在这个过程中，实体店与微信的推广要同步进行，优惠活动要及时向粉丝推送。

第 19 计 做好产品营销策划

◇让顾客先体验产品

一双鞋合不合自己的脚，只有穿了才知道；同样，一件商品对自己有没有用处，只有试了才知道。在日常生活购物中，我们经常会遇到这样一种情况，在商场买了一件商品，回来后发现不合适，或者与销售者介绍的有差异。去退吧，太费事，而且最后不一定给退；不退吧，用得不合适不说，心里也不舒服。如果是一些小商品，大多数人都会选择后者——自认倒霉。之后，我们再也不会去这家店买东西，还有可能会告诉身边的朋友也不要去。

这种看似不起眼的生活琐事，对于经营这种产品的商家来说却会带来极大的损失。也许，商家销售的产品并没有我们认为的那样表里不一，可能中间存在着一定的误会，甚至我们没有按照产品使用要求去操作，这些都有可能。如果是这样，就说明经营者的运营流程有缺陷。

其实，类似这样的情况在微商中最容易出现。如果是在实体店，商家只需要提供样品，让客户先体验再购买，就可以解决这个问题。但微商是在一个虚拟的环境中进行买卖的，无法提供现场产品体验服务，也无法让客户看到实物。客户在购买产品看到实物后，就可能会因为某些原因觉得与店家的介绍及自己心里所想的不符，产生一种落差，影响他复购以及他身边朋友的购买热情。

明达是一个微商，同时也是一个消费者，他经常通过微信购买一些东西。作为微商消费者，明达也遇到过类似的情况。有一次，明达从一个微商那里买了一个品牌打火机，收到货后感觉和自己心里想的有差距，于是明达与商家交涉。商家告诉明达，他的产品和在微信朋友圈中的介绍是一模一样的，绝对没有问题，也没有给明达一个说法。为此，明达一直耿耿于怀，直到在自己经营的过程中也遇到了同样的事情，才明白了其中的道理。原来，几乎所有的微商在做推广的时候，都会尽善尽美地介绍产品信息及优势。虽然产品介绍都是真实的，但由于版式设计、文字表达、图片编辑等因素的完美呈现，总会给人一种更高的心理预期。因此，客户在收到产品之后可能会出现一些心理上的落差。

解决这类问题的最好方法便是体验式购买，我们来看看惠儿是怎么做的。

惠儿做微商仅仅只有3个月的时间，代理的是韩国一家知名度较高的品牌化妆品。最近她遇到了这样一个问题，由于是品牌产品，价格与同类产品相比较高，有相当一部分客户担心花高价格买低质量的产品，一直在犹豫；还有一部分客户觉得价格太贵。对此，她的很多潜在客户都处于徘徊状态，迟迟不能成交。

针对这个问题，惠儿向厂家建议，希望提供一些赠品，来刺激这类徘徊客户成交。很快，厂家采纳了她的建议，给了她一些小瓶或小袋的"体验装"。随后，她将"体验装"分成3份，将1/3的"体验装"当作赠品促使一些徘徊的客户完成了交易。

1/3的"体验装"大部分免费邮寄给了那些一直担心价格与质量不符的客户。大部分客户在使用了"体验装"后，都购买了她的产品。有些客户还在微信朋友圈中晒了"体验装"，并写了使用感受在朋友圈分享，这引起了越来越多客户的注意。

此外，她将一些"体验装"免费送给了部分老客户，赢得了老客户的称赞，大多数老客户还在朋友圈中发布了自己的感受，分享产品照片。

就这样，惠儿利用"体验装"解决了问题，刺激了潜在客户成交，吸引了众多粉丝的眼球，获得了老客户的称赞。最重要的是由于众多客户在朋友圈晒产品照片，分享使用感受，她个人及产品品牌影响力都有了很大的提升。

在微商经营中，把"体验分享"作为一项重要工作，一方面，会赢得更多客户的信任；另一方面，会激发客户对产品的热情，提高成交率。

如以上案例，惠儿仅仅使用了一些"体验装"产品，便取得了良好的效果。从成本的角度分析，这些"体验装"不值多少钱，但起到的作用及收获的价值要远远高于"体验装"本身的价值。所以，在微商经营中，我们要把它做成一个亮点。客户免费体验≠无价值，在运用过程中需要注意以下几点。

1. 以潜在徘徊客户为主

生活中，我们在遇到一些想买又不想买的水果时，如果店主让我们免费品尝，很多人在品尝之后都会选择购买，因为不买总觉得心里过意不去。这是一种心理作用。为此，对于一些潜在徘徊客户，为他们提供免费体验的机会，会刺激他们的购买行为。

2. 刺激其在朋友圈分享

大多数人在收到或使用了免费产品后，都会在朋友圈晒照分享。针对微信朋友圈提高产品影响力这一优势，我们要鼓励、刺激他们的这种行为，如点赞、评论等，甚至让他们写一些使用感受分享到朋友圈。

他人的"体验分享"通常对客户有很大的刺激作用和说服力。因此，我们要把"体验分享"在微商模式中当作一个"亮点"展现，充分放大其作用。

第 20 计
营销活动一定要有创意

所谓创意,就是出其不意,给人意外。这一点在微信营销中非常重要。而要做好这一点,就要打开思路,不要将心思全部放在自己的产品上。细心观察他人以及其他行业的营销思路,从中提炼创意点。

第20计　营销活动一定要有创意

◇营销活动要有亮点

每年到了"双11",各个商家就像是打了鸡血一样活跃,使出浑身解数搞各种活动,推广自己的产品,热闹程度堪比春节。然而,这个盛大的购物季,对于众多商家来说,却是一种炉火式的考验,一方面,竞争对手铆足了劲在营销;另一方面,这期间做不出业绩,之后的一段时间将会出现寒冬般的淡季。对于微商来说也是一样,业绩好不好,关键在于营销活动亮不亮。

我们先来看看"美的生活电器"是怎么做活动的。在"双11"的时候,他们曾发过这样一条营销活动信息。

"欢迎来到小美温馨的小窝!小美可是生活电器的达人哦,电器使用心得、生活小百科,小美都很愿意和大家一起分享,多来看看、聊聊吧!一年一次的'双11'又来了,今年'双11',小美约你一起找猫猫。参与美的'找猫猫'活动,无限量优惠券、美的电磁炉等你来找,天猫店、售后网点都可以找哦!还等什么?现在开始吧!"后面附有相关链接。

这个活动的最大亮点在于优惠券,这对于大多数家庭妇女来说是极具诱惑力的。当然,对于个体微商来说,我们也可以采用这种方式做营销活动,来吸引好友的关注。

有一个卖爽肤水的微商在微信中做了这样一个活动,买一瓶100毫升爽肤水送一瓶10毫升小瓶装爽肤水。此外,带一个朋友到实体店加微信关注多送一瓶10毫升爽肤水,带两个送两瓶,以此类推,没有上限,多带多得。此活动一出,不但微信好友数量上去了,更重要的是,一些被带到实体店的朋友也消费了,取得了不错的业绩。

这种活动的亮点除了优惠外，最重要的是线下线上的一种闭合式营销。

有一个卖女装的微商在"五一"期间做了一个活动，5月1日下午4点在微信中群发了这样一条活动信息。

"小女已经在朋友圈好友中随机抽中了10位幸运儿，每人将获得刚刚上市的魔法围巾一条。今晚12点之前，还将送出10条魔法围巾！如果您是小女的老朋友，请将这条信息转发给您的好友，并截图给我，回复'我要福利'，小女将继续选出10位幸运儿。请大家期待明天中午的开奖名单哦！悄悄告诉你，黄金周小女还有更多礼物相送哦！"

此活动一出，在短短2个小时内，她就收到了几百条"我要福利"的信息，而且好友人数还在不断地增长。想想，10条围巾换了几百个粉丝，这样的活动已是非常划算了。

从案例中可以看出，这个微商将微信营销活动的魅力通过这个活动展现得淋漓尽致，收获丰厚。活动的亮点就是抽奖送魔法围巾。对于收到这条消息的人来说，转发一条微信，不需要花费自己一分钱，没有任何损失，只是花费几秒钟时间而已。所以，他们都愿意参加这样的活动。

营销活动可以多种多样、形式各异，最好不要公式化地去复制、粘贴他人的活动，否则就失去了亮点。最好的方法就是根据自己的产品自行设计与众不同的活动，这样才能突出产品优势、体现活动亮点。当然，如果我们的策划能力有限，也可以仿照一些有亮点的微商活动，结合自己的产品进行相应改动。

营销活动依靠复制、粘贴是很难体现出亮点的，尤其是被人们用得滚瓜烂熟的活动，你再去拿来用，这对消费者没有任何作用。所以，微商营销活动最好自己策划，如能力、资源有限，可参考一些新鲜的、消费者在当前阶段认可的活动方案。

第20计　营销活动一定要有创意

◇激发营销创意的灵感

随着时代的发展，人们文化素养及审美素养的提高，感官对外界事物的刺激要求也越来越高。比如，喜欢篮球的人，会去看NBA扣篮大赛。看过乔丹和卡特时的飞翔、弹跳升空、战斧式飞扣等花样后，感觉现在的扣篮大赛越来越没有意思，动作单一重复，没有新意，激发不出当年对扣篮大赛的热情。究其原因，就是扣篮动作没有创意。

同样，微商营销活动如果就一个活动形式十年如一日地去做，同样会让人感到乏味、没意思。打开微信朋友圈，专门去看一下那些做微商的朋友所发的营销活动和产品推广内容，80%的内容看了之后感觉都是意料之中的，很少能给人意料之外的感觉。这样的营销活动自然很难取得较好的营销效果。

来看一下一个好友做的微商活动：他是国内某咖啡品牌的代理商，他每天都会通过微信在朋友圈举行一个"我画你猜"的活动。因为他擅长绘画，每天他会画一个东西，然后和产品介绍一起发到朋友圈中，让微信好友来猜，猜对者除了可以8折购买他的产品之外，还额外获赠一个小礼物，每天只有5个名额。

自从开展这个活动以后，他的朋友圈阅读量迅速提升，赢得了众多好友的赞许。有些好友可能觉得有意思还进行了分享、转发。也就是说，分享、转发者们除了转发、分享游戏活动之外，也将他的产品推广内容一起分享和转发。这样，他每天至少会成交5笔生意。

这就是创意，同时也是生产力。当然，如果这种活动长期做下去，效果可能会越来越弱，直到完全没有作用。因此，创意是需要更新的，没有永久的创意，只有永久的创新。

马东是一个有快一年经验的微商创业者，通过引流加了很多好友。但最近他发现,加他好友的挺多,但和他沟通商品、成交甚至聊天的人却很少。也就是说,他的粉丝量在不断增加,但成交量却不见涨。

为此,他想了这样一个方法,在引流内容中表明:"只要加我好友的用户,用表情或图片的形式给我发送您此时的心情,将有意外惊喜哦!"

随后,很多陌生人在加他为好友后,都会发一个表情给他,有笑脸、流泪、生气等,总之各种表情都有。而他则会根据对方发的表情,选择一首相对应的歌给对方。比如,如果对方发的是悲伤的表情,他就会选择一首励志的歌曲;如果对方发的是笑脸,他就会选择一首让人心情舒畅的歌等。通常,对方在听了歌之后都会主动和他聊天,甚至有些人会直接询问他的产品。

就这样,通过这种活动,他的微信粉丝量不但逐渐提升,而且成交量也在不断提升。

显然,这是一个非常有创意的活动,而且深受用户的喜欢。更重要的是,这个创意给他带来了成交量,形成了生产力。也许有人会问:"每个客户所发的表情都不同,他得准备多少歌啊?而且搜歌也很费时间啊,如果同时有很多人发表情,他来得及给对方推送歌曲吗?"

其实,马东只准备了10首歌,当然,这10首歌风格各异,完全可以对应所有的表情或图片。而且这10首歌就存在他的手机中,发送相当方便。

总之,创意是一种思想,是一种历练。有些人,一天能够想到两三个很好的创意,而有的人一年也想不出一个好的创意。作为微商创业者,在推广营销的过程中应多观察、多思考,从而激发营销创意的灵感。

第 21 计
结合腾讯的其他产品一起用

做微信营销,最好结合腾讯的其他产品一起使用,如与QQ和QQ空间一起使用,达到的营销效果更好,因为未来的移动互联网营销将会是走向人脉关系链的营销。

第21计 结合腾讯的其他产品一起用

◇对渠道资源进行整合

很多人认为在微信朋友圈中卖产品的就是微商，在其他媒体平台上卖产品的就不是微商。这是一种错误的认识。微商包含微信电商，微信只是微商中一个很小的平台，也就是说，微商不仅包含借助微信卖产品的，在微博上卖产品的也叫微商，在QQ中卖东西也叫微商。

明白了这个概念，对于渠道整合我们就容易理解了。接下来要说的就是将所有微商平台进行整合，来提升微商的价值。

相信很多人曾经都有过这样的感受，听到有人在微信朋友圈中卖东西而且能够月收入过万是有所怀疑的。一个微信朋友圈能有多少人，就算有几百人，并不是每个人都会买呀，能有这么大的利润吗？

的确，仅仅利用微信朋友圈的人是很难长期保持稳定增长的业绩的。那些月收入过万的人，都有整合渠道的策略。在这种策略下，他们的好友量在不断增加，产品信息的传播范围在不断扩大，所以业绩也会一直增长。

张敏是某一品牌面膜的一个代理商。在做微商之前，已经有3年的实体店经营经验。2019年春节刚过，张敏便开始了解、研究微商。她用了几个月的时间学习、了解，但还是不知道如何开始做。在2019年8月份这款品牌面膜第一款产品正好面市，她接触到微商培训，开始经营微商。

与大多数微商经营者不同的是，一开始她并不是直接上货刷屏，而是按照厂家教的运营方法梳理朋友圈，确定以微信朋友圈作为主战场。随后梳理了自己其他的自媒体，如QQ、微博，还申请了百度贴吧号，以及其他一些自媒体账号，准备以此作为辅战场。

在一切准备就绪后，她以微信朋友圈为中心，结合厂家的宣传在自己各个自媒体上开始大规模的宣传造势，如通过QQ群、微博、百度贴吧等发布相关信息。短短3天的时间，她的微信好友由原来的100多人增加到了近700

人。在整合其他渠道的同时,她在主战场微信朋友圈中已经开始了产品推广销售方案。

就这样,她的微商做得如火如荼,并成为江苏地区的总代理。随着客户资源和经验的积累,张敏开始寻找培养微商代理。如今,她已经有100多名微商代理,代理这款品牌面膜,月销量过百万。

每个做微商的人都想做到像张敏这样,规模大、收入高,真是让人羡慕嫉妒恨。深入分析张敏的成功会发现,她在做微商的过程中每一步都走得很扎实,吸取有益经验并付诸实践,不盲目也不盲从,有条不紊地进行着,这是她成功的基础。

而能够让张敏获得如此大成就的主要因素在于她对渠道的整合,将其他一些自媒体渠道中的资源全部整合到微信这个平台上,这是尤为可贵的一点。其实在微商还没有出现之前,就已经有人在微博、QQ中销售产品了,有些人在QQ群中寻找客户,有些人将厂家的产品信息通过微博发送出去,寻找准客户,这些都属于销售行为。只是由于媒体自身属性的限制以及虚拟互联网本身缺乏信任感,成交率很低,没有人重视,自然也就被人们忽视了。

微信朋友圈的出现弥补了这一不足,促成了微商模式。人们既然已经将微信朋友圈作为微商的主战场,那么,如果能够将其他渠道资源整合到微信中,一定会发挥出更大的能量。案例中的张敏做到了这一点,所以她成功了。

其实每一个微商创业者都可以进行渠道整合,大多数人之所以没有做,一方面是因为轻视了其他平台,一方面是因为把所有精力都放在了微信朋友圈中。我们可以像以上案例中的张敏那样,把微信作为微商创业的主战场,但在做微信营销的同时,开发其他渠道,通过经营其他渠道,来充实主战场微信平台,从而加大微商营销的力度。

每一种网络媒体的诞生都会给人们带来一定的财富,同时,人们的生活方式、消费方式也会随之发生变化。微商的出现给很多人带来了创业的机会,但是其他媒体出现的时候同样也曾经给一些人带来过财富。对此,将一些相关的媒体渠道进行整合,所带来的财富一定会倍增。

第21计 结合腾讯的其他产品一起用

◇借助微博推广微信

一个出色企业的微信公众号，能够在半年时间内迅速积累10余万个铁杆粉丝，每条微信消息的互动回复率也很高。很多品牌看到了这个商机，纷纷抓住了这一点，开始利用微信号来做营销推广。但是对于大多数企业来说，微信营销还是一具空壳，需要很好地推广学习才能充盈起来。

当然了，想要做好微信推广，需要的不只是线下活动推广，更需要借助微博的力量。如今，新浪微博和腾讯微博这两大微博的人气还是十分高涨的，一些明星的微博粉丝数都有上千万，而一些企业名人、名牌企业的微博粉丝数也都达到几百万，而且其微博的转发量也都相当高，鉴于这一点，我们在微信营销方面，完全可以借助微博力量来撒网捞鱼。

1. 企业利用自己已经拥有一定关注度的微博进行微信推广

如果你的企业在微博上的关注度还不错，有十几万个粉丝，当你开通微信公众号之后，就完全可以在微博上与粉丝互动，推广微信号。而且还可以在发微博时，将自己的微信号、微信二维码发到博文上。这样粉丝就能在第一时间看到你更新的状态，进而关注你的微信号。

比如，一些大腕、明星一开始在微博上的人气是很高的，但在刚刚开通微信号之后并没有那么高的人气。于是，这些明星纷纷在微博上晒出自己的微信号、微信二维码，不但快速吸引了大量粉丝的关注，还能在与粉丝互动时，感受到粉丝的热情。例如杨幂、黄晓明、莫文蔚等大牌明星在开通微信号时，都是第一时间在微博上告诉自己的粉丝。杨幂通过微博的力量，在一夜之间就吸引了十几万的微信粉丝关注。

2. 傍大V，借助微博红人来宣传微信

很多企业自己的微博人气并不高，但在开通了微信公众号之后却能在短时间内吸引众多粉丝。这是为什么呢？主要是因为企业借助了在微博上极为红火的微博红人来宣传自己的微信。从效果来看，这也不失为一种好方法。有条件的企业，完全可以借助微博的这种特殊力量来为自己的微信公众号撒网捞鱼，得到更多忠实客户。

◇微店也是一个不错的选择

我们借微信朋友圈做微商的同时，可能还发现了另一个平台，那就是微店。这个微店是基于微信的线上商店，与我们通过朋友圈做微商的目的大致是相同的。所以，我们也可以把微店作为微商运营的一种战略和方向。

就整个微信平台来看，商品交易大致有这样两种方式。

第一种，本地交易。经营者在朋友圈或微店中发布产品信息，消费者在看到产品想要购买时，在经营者的实体店或者家里进行交易。

第二种，外地交易。经营者没有店面，只有仓库，或者以调货的方式供货。经营者在朋友圈或微店中发布产品信息，消费者想要购买时，先商谈价格，经营者通过快递送货，向买家提供银行账号，买家打钱，交易完成。

对于微商创业者来说，大多数人采用的是第二种方式，因为这种方式成本低、操作简单，非常适合一些刚起步的创业者。

进行微店运营先要有一个自己的微店，开店过程非常简单，按照当前的官方规则，经营者只需要提供一个身份证、一个手机号、一张银行卡，就能够很快地注册一家微店进行微商活动。首先，在你的智能手机上下载一个微店客户端，然后根据提示操作，整个过程不到2分钟。随后我们就可以在微店中添加产品图片、价格等信息，然后发送到朋友圈，与消费者进行交易。

当然，微店创建看似简单，但能够做好的人却不是很多，因为他们不知道怎么去维护和推广，致使微店成为一种摆设，甚至被遗忘。下面我们详细探讨一下微店的运营技巧。

1. 找目标

根据我们经营的产品找到合适的群组，接近并交流，从中发现意向客户，然后有针对性地进行推广。比如，做护肤品就找一些时尚的女性，这样的微信群很容易搜到，然后在其中寻找目标客户。

2. 互利互推

寻找一些志同道合的朋友，或者忠诚的粉丝，与他们达成利益联盟，互惠合作，优势互补，进行有效互推，达到更好的推广效果。比如你是做洗发水的，你可以与一些做面膜的微商联盟，很多时候他们的客户也是你的潜在客户。

有一个做汽车装饰的朋友，他有实体店，随后开了一个微店，目的是想通过微店销售一些汽车装饰品，来提升业绩。

可微店开了之后，一两个月过去了，效果非常不好。虽然有人咨询，但成交额寥寥。之后他与一位开微店卖轮胎的朋友聊天，发现两人遇到的问题是一样的。在讨论中，对方提出进行互推，卖轮胎的在推广自己产品的同时推广装饰品，另一位则在推广装饰品的同时推广轮胎。就这样，他们在朋友圈中展开了互惠互利的推广合作。

没想到一个星期之后效果出奇地好。随后两人一商量，又找了一些其他汽车行业的微店经营者，进行联合推广，效果越来越明显。如今，微店给这位朋友带来的收益占到了他所有收益的一半之多。

3. 朋友圈推广

这是做微商最常用的一种方式，可以写一段店铺及产品的软文，配上图片，发布到朋友圈中，在朋友圈中进行传播。需要注意的是，刷屏不要过于频繁，否则会引起好友的不满，甚至被屏蔽。

4. 奖金推广

将你的商品发布到微商平台，设置一个奖金，引导更多的人为你转发。当客户购买了你的商品后，转发者就可以获得相应的奖金。这是一个非常好的推广方式，首先，奖金对于很多人来说具有很强的诱惑性。其次，转发的人越多，产品推广的宣传效果就越好，而且自己不用费太大的力，只要在商品卖出后支付一点奖金即可。

5. 稳定老客户

经商的人都知道，老客户是生意稳定的重要因素。对微店来说也是如此，经常与老客户保持沟通，进行必要的关怀，比如向老客户发送货品更新信息、客户再次光临时送一些小礼品等。

6. 群发推广

通过微信群发功能或者微信公众号发布一些关于店铺及商品的信息。当然，群发信息时需要制造一个恰当的理由，如商品促销、打折等，这样才不会显得生硬。

7. 软文推广

写一篇好文章或者找篇好文章（发布时标明出处及原作者），将自己的微店、产品及微信号植入其中，在一些大的平台，如百度、天涯等上面发布，同样可以起到不错的推广作用。

8. "二八"推广

这里的"二八"说的是"二八原则"，"二八原则"是指我们要用80%的时间与客户聊天，用20%的时间聊产品，这会使得客户更容易接受你的产品，对销量影响更大。

9. 分销模式

有很多做微商终端销售的人最后变成了微商总代理，转变角色，寻找、培养微商代理。这其实也是一种分销方式，一方面能够增强产品推广度，另一方面可以提升产品销量。同样，微店也可以采用这种方式，你的客户现在是买家，但也可以成为分销商，就看你用什么样的方式和心态去对待。

从某个方面讲，微店的运营属于微商运营的一种。在微店运营中，根据自己的产品谨守以上几点技巧，一定能够找到一种适合自己的运营机制。

◇依靠腾讯的力量进行推广

想要将微信营销做好，将自己的微信公众号推广出去，除了要借助微博的力量之外，还需要灵活依附一些大的互联网公司，比如腾讯。

微信本身就是腾讯旗下的一款服务产品，而且在中国互联网的发展中，腾讯是一家较有知名度的互联网企业。所以，不能错失这个良好的平台和推广机会。

1. 借助QQ聊天工具的力量来推广微信账号

QQ已达到十几亿用户的注册量，每天的活跃用户量也已达到6亿多，这样庞

第21计　结合腾讯的其他产品一起用

大的数字说明了QQ的广泛影响力。而微信虽然是一个新型的通信产品，但也比较完善，功能更加齐全，在商业推广方面，还需要做大量的宣传才行。而依附QQ就是一个很好的解决方案。

比如，企业可以在自己的QQ签名中写明自己的企业名称、微信号，这样能让那些加自己好友的人看到企业的微信号，从而有可能获得关注。又如，企业还可以在与QQ好友聊天时，将自己的微信二维码复制到消息中，连同一些企业优惠信息一同发出。如此一来，也能获得大量粉丝的青睐。

2. 通过QQ空间来推广微信公众号

QQ空间从创立至今，一直是众多QQ用户青睐的一款社交产品。大多数人会将自己的最新动态、最新照片发到QQ空间中，企业也可以将企业的微信号、二维码发送到QQ空间中，而且还可以在好友的空间里留言、评论。当然，在留言、评论内容中也可以加上企业的微信号、二维码等。如此一来，不但好友能够看到企业的二维码，就连关注该空间的其他朋友也能看到此二维码，这样就收到了很好的宣传效果。

3. 利用QQ群来推广微信号

一般品牌企业都有自己的QQ群，而且有些较高知名度的品牌企业，它们的QQ群会有很多个，在运营QQ群时，群主可将自己的名片设置成为微信公众号的简介，而且在向群成员发送信息时，也可以将企业的微信号发上去，或者将二维码贴上去，好让群成员及时看到你的微信公众号信息更新。比如，有些企业在QQ群里这样发消息："关注本企业的微信公众号，可以获得优惠券，好处不断……"用这些优惠活动来吸引群成员去关注微信公众号。

在QQ群里，还可以靠群成员之间的互动，来宣传企业的微信公众号，这也等于是做了一种广泛的推广。

4. 依靠QQ广告弹窗、腾讯微博、新闻窗口等途径来推广微信公众号

众所周知，当你打开QQ后，总是会不定时地在网页右下角弹出一些小对话框，这些对话框里充满了各种各样的新闻、广告、促销活动。而有条件的企业，完全可以利用这种方式来宣传和推广自己的微信号。

总之，腾讯有着强大的网络资源，企业想要让自己的微信号推广出去，不能忽视这个可靠的资源，要充分依靠腾讯的力量，来获得推广的成功。

第 22 计
用好二维码

通过平面、户外、网络、印刷品等可以很方便地展示二维码,再结合诱因(如微信会员卡)即可比较简单地获得粉丝。这种与现有媒体捆绑的方式,亦可将现有媒体传播价值保留下来并延伸至移动互联网中,以沉淀新产生的潜在客户。

第22计 用好二维码

◇二维码营销

日常生活中，我们经常会见到及使用一些二维码，如火车票上的二维码、商品二维码。通俗地讲，二维码可以储存大量的信息，通过扫描，二维码中包含的信息可以实现转移、传送。

微信二维码也具有同样的功能。扫描某人的微信二维码，你可以加对方为好友，然后获得对方的相关信息，通过这种方式可以快速地实现信息的互换与转移。最为重要的是，作为微商，也可以通过这种方式实现信息的转换和转移，让客户通过扫描微信二维码快速了解你的产品信息。

以微信二维码为例，二维码通常为正方形，在左下、左上、右上三个角处，我们可以看到"回"字形的图案。这三个图案的主要作用是给解码软件定位，使扫描者不需要用唯一的角度对准，保证扫描器从任何角度扫描都能够读取二维码。二维码的中间位置是一个正方形图案，这个图案是可以自己设置的。你扫描二维码后，会被引导到一个关于产品或服务的网址。比如用手机扫描微信二维码后，就可以直接看到对方微信号的信息，很方便地加对方为好友。

二维码在20世纪90年代初期就已经开始使用。当前它之所以会被广泛使用，除了具有抗磨损，不会有消磁、病毒、容量不足等问题外，还具有以下一些优势：高密度编码，信息容量大；编码范围广；容错能力强，具有纠错功能；译码可靠性高；可引入加密措施；成本低，易制作，持久耐用。

当下，智能手机有着非常高的普及率，几乎人手一部。因此，二维码的营销商机也逐渐凸显了出来。通过媒体，你会感受到国内很多企业都在使用二维码营销，走在大街上，你会在宣传单、户外广告、数字媒体等地方看到二维码。微商作为一种商业模式，当然也可以采用这种方式构建一个与客户连接的桥梁。

韩国某量贩式超市在2001年整合了公交站、地铁等广告模式，推出"二维码手机购物"活动，消费者只要运用手机扫描商品的二维码，就可以获得一定的折扣。这种方式在当时赢得了很多消费者的喜爱,销售量同期增长了130%,超市会员的人数也提升了76%,可以说是名利双收。

有机构曾经对500位使用智能手机的用户做过这样一个调查。

调查结果显示,在500位被调查者当中,有95%的用户知道二维码,其中男性的认知度要高于女性;另有80%的人使用过二维码。他们获得二维码的渠道从高到低依次是:微信内容转载、网站、杂志报纸等方式。

在这些用户中,他们扫描二维码的原因依次是:对内容感兴趣、为了参与活动、为了获得奖品等。

从以上案例及调查中我们可以看出,在微商中,运用微信二维码作为营销工具是非常有必要的,而且目标群体年龄最好锁定在22~45岁。在运用的过程中,最好能够加入一些诱导因素,如扫描二维码送礼品、参加抽奖活动等,从而让用户产生进一步了解的冲动及欲望。

二维码之所以流行,是因为智能手机的普及,用智能手机可以方便地扫描二维码。此外还有一个原因,就是手机移动网络的普及。在公众场合,随时都可以看到有相当一部分人在低头玩手机,如果你仔细观察,他们大多在使用移动互联网上网浏览信息。

这说明移动互联网已经非常普及,拿中国移动、中国联通、中国电信来说,在它们推出的大多数资费套餐中,都包含免费流量。这也推动了人们对手机移动网络的运用,久而久之,人们养成了使用移动互联网的习惯。用户使用移动网络的习惯一旦形成,只要将二维码放在用户面前,用户就可以顺势拿出手机进行扫描,二维码营销也就会成为一种流行趋势。

因此,对于微商来说,运用二维码进行营销推广的条件已经相当成熟,是非常好的一种方式。二维码的设计对于微商二维码营销来说非常重要,设计得好可以给人引导,否则对方可能会视若无睹。

做微商最重要的就是找到准客户,既然做微商的主要工具是手机,消费者和经营者都要用这个工具进行交易,那么,运用二维码营销,就给了客户一个快速入口。

第22计　用好二维码

◇打造有个性的二维码

在微信营销中，如果说到外在的最大表现，恐怕就是微信二维码了。有人认为，只要做好微信营销的内在运营就可以了，不必在乎外在的形象。然而，持这种观点的人恰恰犯了最基本的错误。营销其实就是一件外在的事情，所以尽管微信营销属于电子营销，但是也要注重外在表现。

一个好看、个性化的二维码能够迅速获得众多粉丝的青睐。尤其是在线下推广时，企业一定要力求让自己的二维码漂亮、有个性，能够诱惑粉丝拿出手机去扫一扫。当然了，企业在设计二维码的时候，还要将企业的logo、标志、名称在二维码上体现出来。如果有一个具有新意的二维码，再加上好看、大气的logo，那么企业的微信号是不愁没有粉丝关注的。

当当网是一个网购中心。如今，多数年轻人都在网上购物，而当当网主打的就是书籍，所以当当网在微信二维码设置上以简单、大气为主。二维码图案普通、标准，重点是中间有一个显眼的"当当网"的logo，一目了然，让用户能及时去关注。而且当当网的负责人也非常清楚：当当网已经有了大量的粉丝和忠实用户，可以说当当网的名气已经够大了，所以在选择微信二维码的时候，应尽量简洁一些。相反，如果当当网将二维码设置得花里胡哨，那么很可能会有损当当网原先的品牌效应。

而下面这个企业就与当当网非常不同。

搜索著名的手表品牌swatch的微信二维码，我们便能轻易地看出这代表的是一个手表品牌。在微信二维码的偏右侧有一个显眼的红色手表图案，不但向用户表明了自己的产品内容，更利用这样个性化的二维码来展现出自己品牌的风采。

相信当你看到如此时尚、具有个性的微信二维码时，一定会忍不住拿出手机来扫一扫，就算暂时不买，也要将该企业的微信公众号保存在手机里，时刻关注这个国际品牌的时尚动向。这样的微信二维码着实在第一时间以视觉冲击抓住了众多年轻人的眼球，而这个品牌也就顺理成章地积累了大量粉丝。

当然了，企业可以根据自身的性质、风格来运用手机微信上的设置二维码功能更换不同类型的二维码。比如：不同的企业风格可以根据不同的二维码表现出来，而这也是吸引用户拿出手机扫一扫的诱惑之法。当然了，你还可以通过下载一些微信二维码制作软件来亲自制作更加符合自己企业定位的二维码。

企业设置一个漂亮、有个性的二维码，主要是为了能够在线下推广中发挥巨大作用。只有好看、有个性的二维码，才能引起人们的关注。而一个普普通通、没有任何新意的二维码，很难赢得粉丝的青睐。

第23计
维护好客户关系

不管是团队化的微商,还是个人单打独斗式的微商,都应该制定一个完善、有效的服务机制。特别要注意客户提出的一些小事,将这些问题融入服务机制中,可有效安抚客户情绪。

第23计 维护好客户关系

◇一流的服务带来一流的营销力

21世纪需要的是无处不在的服务和不断完善的服务细节,谁拥有了顾客,谁就能赢得市场,就是市场的胜利者。

现在,市场上的竞争是如此激烈,以至于企业几乎不可能完全依赖过去的成功经验来使客户始终忠诚于自己,事实上,竞争者会虎视眈眈并时刻准备抢走你的客户——甚至是最忠诚的客户。

实际上,客户流转的情况在真真切切、时时刻刻地发生。为了能够争取更多的顾客,企业除了必须持续、一致地为客户提供高性价比的产品外,还必须为客户提供一流的服务。

成功的客户服务战略不会自动形成,它必须通过规划、执行、监控、调整才能日趋完美。为了创建成功的客户服务战略和与之配套的高效组织体系,企业需要制定并反复完善相应的管理流程,如此,才能保证企业在国内和全球范围内为客户提供优质的服务。

我们知道,微商的客户群是一个圈子,以关系为核心,以口碑为主导,所以,服务机制对于微商来说就显得更为重要。如果客户购买的产品出现问题,你没有处理好,那么你可能会永远失去这个客户,甚至失去他身边的客户;相反,如果通过完善的服务机制处理好客户提出的问题,让客户满意,那么,你与客户的关系就会更加紧密,可能他还会给你带来更多的客户。

微商作为一个新的商业模式,发展迅速。所以,当前从事微商创业的大多数人都是一些没有商业经验的创业者,他们的服务意识淡薄,服务体系不健全甚至没有。这种状态必然会严重影响微商的运营。

放眼整个微商界,没有一个完善的可供参考的微商服务体系。这对微商的发展是极为不利的。为此,我们应重视微商服务体系的建设,重视客户体验感受,这样我们在竞争中才会更加有优势。

微商小张讲了这样一件事情:

她刚开始做微商时，由于对很多事情都不懂，只是听厂家讲产品如何优秀、效果如何好，便代理了某品牌的"仿生蚕丝"面膜。关于售后，她没有多问。

经营了一个月，总共有9个客户购买了她的产品。这样的业绩她觉得还不错，毕竟才刚进入这个行业不久。她打算接下来要好好经营这款面膜。然而，意想不到的事情发生了，第二个月刚开始没几天她就接到了客户的投诉，说面膜是假冒伪劣产品，有副作用。小张赶紧将情况反映给厂家。厂家对她讲了很多，但都是东一句西一句、模棱两可的话，最终也没有提出解决的方法。

接下来的时间客户投诉得越来越多，并要求退货。小张再次与厂家沟通，最后厂家说出这样一句话："我也不知道该怎么处理，你看着办。"

这句话让小张甚为恼火，可仔细想想自己又能怎样呢，要怪只能怪自己没有了解清楚这款产品的服务机制而盲目代理。最终，她自己掏钱给客户退货……

通过这个事例，我们对微商的服务机制有了一个更清晰的认识。其实，不管是厂家还是代理商，都必须重视服务，具体应从以下几点入手。

1. 制定服务标准

所谓服务标准就是在遇到问题后，能够有一个判定如何执行的标准作为参考。比如，对于产品出现了质量问题，快递过程中出现了破损、丢失等问题，将它们的处理方式标准化，什么问题该怎么处理说得清清楚楚。这样，就会降低与客户沟通的难度，以及微商操作的难度，进而提高微商运营效率。此外，我们还可以制定客户异议的服务标准，对于客户的异议进行总结分类，制定出标准且完整的让客户满意的答案。售后服务，应该用单独的微信号进行服务咨询。

在物流退货方面，可参考以下几点说明。

（1）客户在签收快递时，商家提前提醒其检查产品的完整度，有破损或其他问题，客户可拒绝签收。客户未检查就签收，之后出现质量问题的，应由客户本人负责。

（2）物品在物流过程中遗失，应由物流机构进行相关赔偿。

（3）出现以下情况可进行退货：产品在保质期内出现变质、发霉等情况，经国家质检部门认定为不合格产品，产品与商家描述的不一致。

2. 制定流程标准

任何事情如果能以流程化的方式来做，问题就会少很多，工作效率也会提高很多。微商也应该制定一个流程化的服务机制。现在很多微商都是团队化运营，在这种情况下，售前、售中、售后可以由专人负责、专人沟通，会更加体现出微商的专业性。

如面对微商售后处理投诉时，专员可以按照这样的流程：稳定客户情绪—表现出积极处理的态度—了解问题—提出解决方案—商讨确定解决方案。

◇ 重视维护老客户

当一个企业在微信营销中为粉丝增添了很多特殊的兴奋点之后，吸引的粉丝就会越来越多，对企业来说，想要维护好这些粉丝也是一件非常重要的事情。众多成功的企业家一致认为，要想将营销持续、稳定地发展下去，必须依靠那些忠实的老客户。所以，重视维护老客户就成了企业营销最重要的一个环节，在微信营销中也是如此。

许多企业在微信营销方面没有太多的经验，所以只会一味地关注自己的粉丝数量。比如，每天都盯着微信公众平台观看自己的粉丝数量增加了几个数字，减少了几个数字。在这些企业眼里，微信号的粉丝越多，代表自己的营销就越有前途。其实，相对来说，这是比较片面的一种观点。

微信营销是一个新兴的营销模式，它既能开发一些新客户，又能维护好老客户。对于企业而言，维护老客户和挖掘新客户一样重要。不要以为有了老客户就可以高枕无忧，如果不能很好地维护，那么也不可能将营销之路走到最后。

事实证明，维护一个老客户的成本要远远小于开发一个新开户。所以，在微信营销中，企业不能一味地喜新厌旧，讨好新客户，而忽视了老客户。在客户方面，获得新客户固然重要，但是留住老客户的那份忠诚和信任才能让企业立于不败之地。

那么，在微信营销中企业怎样才能维护好老客户呢？

1. 与老客户建立一种稳定的客户关系

我们在给用户提供一些产品或服务的时候，一定要尊重老客户的想法或者建议。在微信营销中，我们可以与老客户保持一种稳定的关系，定期对老客户发送一些问候的话语，让老客户感受到我们的浓浓关怀。比如一些大牌的化妆品就经常给持续关注它们的客户发送一些节日祝福或者问候。这样不但博得了老客户的忠诚，还让老客户忍不住去朋友圈转发一下，从而还达到了为企业做宣传的作用。

而从另一方面来讲，虚心听老客户的意见和建议，不但能让老客户感受到被重视，还会提升企业本身的服务质量，这就在一定程度上提高了企业的竞争力。

2. "欢迎"客户的抱怨

顾客对产品或服务的不满和责难叫作顾客抱怨。顾客的抱怨行为是由对产品或服务的不满意而引起的，所以抱怨行为是不满意的具体的行为反应。顾客对服务或产品的抱怨即意味着经营者提供的产品或服务没达到他的期望，没满足他的需求。同时，抱怨也表示顾客仍旧对经营者有期待，希望能改善服务水平，其目的就是挽回经济上的损失，恢复自我形象。因而，对待顾客的抱怨，企业一定要慎重处理，在最短的时间内处理好，让顾客由抱怨转变为满意。

美国宾州有一家"新猪公司"，名字很土，但发展很快。创办人毕弗说他喜欢听顾客抱怨，这话听起来有点戏谑的味道，他说："你应该喜欢抱怨，抱怨比赞美好。抱怨是别人要你知道你还没有满足他们。"顾客抱怨正是商机所在。毕弗发现，每一个顾客的抱怨都使他有机会拉开与其他从业者的差距，帮助他做一些对手还没做的事。例如，曾有些客户抱怨新猪的"猪"一旦碰上酸性物质或是其他溶剂就会变成一摊烂泥。其实毕弗大可对这些抱怨者说："谁叫你不看标识说明？这个产品本来就不是设计来处理酸性物质的。"但是他没这么说，反而跟一个客户共同开发出高价位的"有害物质专用猪"。毕弗又根据另外一个客户的抱怨，开发出可浮在水面，并且能吸油的"脱脂猪"。

太多的公司不理会顾客的抱怨，认定他们的顾客是爱挑剔而难讨好的人，满嘴的"我、我、我",只显露出他们的不识货,这种态度是危险的。顾客的抱怨是企业取得发展的商机,也是售后服务的一个重要方面。例如,在3M公司,大量新产品最初的设计思路都来自顾客的抱怨,公司将此当作一种机会。相反,对怨言处理不当,则会使企业在顾客心目中造成不良的印象。作为营销人员,一定要正确处理顾客的抱怨。

在处理顾客的抱怨时,第一要重视顾客的抱怨,顾客的抱怨是会扩散的。顾客的不满,在某种意义上来说对厂商的确是一种灾祸,因为产品质量毕竟还存在问题,顾客有意见,不向你诉苦也会向别人诉苦。与其让顾客向别人诉苦,扩大公司的损失,不如让他向你诉苦,好让你作出妥善的处理,消除顾客的埋怨,使之成为转祸为福的机会。

日本三洋电机公司几年前曾发生一起轰动全日本的顾客不满事件,该公司生产的充电电池因质量不佳,受到客户的普遍指责,报纸以庞大的篇幅报道了该公司生产的不良产品,使公司声誉大受伤害。面对如此严峻的局势,该公司认真吸取教训,努力改善品质,董事长发动公司和各营业单位人员携带优质产品和礼品,挨家挨户为顾客替换不良产品,诚恳地向顾客道歉。公司这种勇于承担责任、关心消费者利益、决心改善产品品质的作风迅速扭转了原已深入人心的恶劣形象,获得许多顾客的谅解和信赖。第二,要清楚抱怨产生的原因。这是处理顾客抱怨,开展售后服务的一般方法。从大部分顾客抱怨的情况看,顾客的不满绝大多数都是由于推销员所推销的产品或提供的服务存在着缺陷,这些缺陷在顾客使用产品的过程中暴露了出来,就引起顾客抱怨。第三,在处理顾客抱怨前,首先要弄清楚顾客到底在抱怨什么,然后才能有的放矢地找到解决方法,具体情况具体分析,采用退还现金、退换商品、服务调节等方式。

3. 多给老客户一些优惠

在微信营销中,企业最应当注重的是沟通。而微信恰恰又是一个私密性极好的沟通渠道,所以在某种程度上为维护老客户提供了便利条件。企业可以在和老客户保持沟通的同时,多提供一些优惠服务给老客户。比如办理微信电子会员、享受折扣优惠等。这样的方式可以让老客户变得更加忠实。当一个客户成了企业的铁粉时，就相当于企业多了几个宣传人员。这对企业来说，只有好处，没有坏处。

众所周知，在微信营销还没有出现之前，企业维护老客户的方式十分简单和单一，无非是电话、邮件、群发信息等。这些方式要么太过客套，要么只注重形式，没有让老客户从心理上感受到温暖。而微信的出现，则极大地改善了这一情况。在微信上，我们可以与老客户一对一地畅聊，将老客户当成是我们的好友，由此一来，对方向企业倾诉的事情也就变得非常重要。可以说，老客户的这些信息都是企业能否改进、走向更好的奠基石。而且通过微信沟通，还可以让粉丝更加依赖和信任企业。有了老客户的依赖和信任，企业的微信营销也算是做到了完美的发挥。

当然了，我们讲这一点的目的并不是让企业在做微信营销时，忽略新客户。我们可以这样想，任何一个老客户都是从新粉丝演变而来的。所以，对新粉丝也不能含糊，要用百分百的热心对待新粉丝，才能让其逐渐成为我们的老客户。

第 24 计
做好精准的关键词回复功能

做好精准的关键词回复功能,这样能指导客户,通过什么样的方式进一步了解你本人和你的企业,获得客户的信任。

第24计　做好精准的关键词回复功能

◇设置自定义回复

人们的生活方式一直都在随着时代的发展而不断变化，进入互联网时代之后，网购开始逐渐取代传统的实体店购物，成为人们的主要购物方式之一。现今，人们的生活步伐又迈入移动互联网时代，人们的网购方式发生了变化，开始从电脑上转移到了手机等移动设备上。

不过，传统网店也好，新兴微店也罢，都同属网购模式。和实体店消费不同，网购相对来说缺乏一定的互动，而互动是店铺与买家进行沟通的一种方式，也是拉近双方心理距离的一种技巧。互动在营销领域的重要性非同一般，可以说，要想做销售，得先学会和别人互动。

对于微店这种虚拟店铺，买家几乎很少会和它们正面接触，这种情况下怎么和买家建立联系呢？其实就是通过网络上的互动。而互动的第一步，我们知道，要靠在微店平台上的一个功能应用，叫作自定义回复设置，有了这个功能，就能轻松实现店家和买家进行互动、维护关系的愿望。

关于微店与买家之间的互动，微店的自定义回复设置可以说是一种非常有趣、好玩的方式。当然，并不是所有的微店平台具备的功能都一样，各种APP之间还是存在一定差别的。我们以微店网为例，向大家介绍一下微店的自定义回复设置为买家带来的有趣互动。

在微店（微店网）的首页当中，有着详细的功能介绍。不过，可能很多的微店店主都没有注意到里面一个很重要的功能，那就是"自定义回复设置"，通过这个设置，能够创建一些有趣的小互动来增加买家对微店的喜爱度。

在这里有一点需要各位微店店主注意：当买家给出的是错误答案时，设置"回答错误"的自动回复来提醒买家答案错误同样也是必要的。否则，如果广大买家在回答问题的过程中给出了错误答案，但由于无法获得答案是否正确的提示来确保用户体验的继续进行，就会导致微店互动游戏的失败，自动回复的提醒功能正是为了避免这一情况。试想一下，如果买家正兴高采烈地答题，但无法得知自己是否答对，该有多么打击广大买家参与互动的积极性。当这种情况比较严重时，买家甚至有可能会直接取消关注，不再参与微店的任何互动游戏。

当然，上面所说的只是一些设计比较简单的问答，各位店主在自定义回复设置的过程中可以将更多关于店铺品牌或产品等相关内容添加进去。对各位准备开微店或者已经开了微店的店主来说，这类问题的添加对于微店营销工作更有帮助。而且，各位店主在设置问题回答对错的自动回复提醒内容时，可以设计成一些比较流行的、买家喜欢的"萌语"，如"哎呀，怎么搞哒，又回答错啦！"等类似的提醒文本内容，让提醒也变得更加好玩、有趣。

此外，如果店主做的是有奖问答活动的话，那么，设置时还可以在欢迎词中直接标注"买家参与活动"的提示，配合"微分享"或者一键关注等功能来使用。这种操作在很大程度上，同样能够吸引更多的买家关注，并成为微店买家。

人们都有一种"爱占便宜"的心理，在这种心理的催动下，类似的答题或者转发抽奖活动在微博、QQ空间、微信朋友圈等社交平台能够得到迅速的传播。通过"有奖问答"等类似的活动送出一些免单或者是包邮服务的奖励，这对于新客户的拓展工作，可以说是既有效率又非常经济。

同时，现在很多微店平台也推出了图文消息的回复功能，而且该功能正普遍被应用到各个媒体的公众号中。这里需要提醒广大卖家，内容为王是公众号运营的核心准则，提供优质内容更能够引起广大买家的关注和传播。此外，自定义回复设置中的图文回复更能有效满足新关注买家对于往期历史消息的查看需求，这种需求的满足对于广大买家的黏性和活跃度的影响是不言而喻的。

不仅是微店网，对于现在流行的利用微信营销的电商账号和自媒体账号来说，自定义回复同样是一个非常重要的功能。通过设置不同的关键字来创建不同的规则，以此得到类型多样的回复，再根据回复内容设置类似有奖答题的营销活动来增进广大买家群体对于品牌的认知和印象。

总之，微店自定义回复带来的有趣互动能够让广大的买家更加喜欢微店及其商品，值得店主好好下一番功夫。所以，赶紧去设置自己的自定义回复吧！

第 24 计　做好精准的关键词回复功能

◇不容忽视的人工回复

自动回复的确可以节省大量人工工作，但是有两个硬伤，首先是如果设置不够细心，就会出现客户提出某个问题没有反馈或驴唇不对马嘴的情况，从而降低客户与微信账号的互动欲望。其次，自动回复功能目前只针对通过认证的公众号，私人微信号和新注册的公众号是无法设置自动回复的。

怎么办呢？

该人工回复出马了！

要说灵活性，人工当然比机器好。因为微信的关键词设置量是有限的，我们永远不可能穷尽客户可能提出的所有问题，但是人工就可以让交流变得更通畅。如果客服人员很耐心又比较机智、幽默，客户可能会对他产生"移情"，就是把原本应该是对身边很亲密的某些人的感情嫁接到对方身上。比如把客服当成好朋友、闺蜜等。这是在很漫长的一段时间里，自动回复无法实现的效果。

除此之外，从企业品牌层面来看，人工客服的价值还体现在以下四个方面：提升商家形象、提高成交率、让客户持续消费、提升服务品质。

这四个方面是相辅相成的。比如，客户对某产品感兴趣，通过微信进行咨询，我们当然可以选择已经设置好的自动回复先回答他提出的问题。但是如果客户对于该产品的兴趣比较强烈，提出了更多具体问题，事先设置好的回复并不能满足对方的提问，我们就可以通过人工来进行答复。

当然，人工答复的形式就很灵活了，可以通过文字，也可以通过语音或者视频来回复。尤其是语音回答，一般只会出现在朋友之间。如果客服能够通过语音解答客户的提问，会让对方觉得新鲜，而且有被尊重的感受。

客服回复问题的及时和准确，不仅会给客户的单次购买带来很好的体验，而且会加深客户对该品牌的好感度。你想，当别人的微信号还在做自动回复时，你这里已经有人工客服了，客户会觉得你实力够强，做营销用心。这种感受就很容易带来两个好处，一是客户自己的再次消费，二就是口碑效应。

但是人工回复的个性化和灵活性也是把双刃剑，在弥补了自动回复的不足后又产生了新的问题。

比如，某位客户发来信息，说他收到了该品牌最新的打折信息，要咨询详细的情况。然而客服人员却纳闷了，因为他们并没有接到相关活动的通知，或者通知已经到了，但是因为某些原因他们没有看到或者不够了解，这就可能产生沟通上的问题。倘若这个客服人员又比较毛躁，还没来得及与相关部门沟通就主观臆断地回答客户，最后就可能闹得不愉快。

还有就是我们面对的客户多种多样，有的人好说话，有的人会吹毛求疵，给人感觉是在故意找麻烦。如果客服人员不够耐心，或者碰巧心情不好与客户吵了起来，也会产生很多麻烦。

总之，要解决这类问题，让客服部门能够起到吸引客户持续消费的作用，准确到位的培训是必不可少的。

第 25 计
不一定每次都推送文章

推送,不一定要每次都推送文章,运用语音信息这个载体,也是很好的方法,只要能帮助到潜在顾客和关注者都可以。信息量小,不影响关注者的生活并且可以传播新的知识,这样的公众号才会博得读者的喜欢。

第 25 计　不一定每次都推送文章

◇用好语音信息这个载体

在微信营销中，虽然可供使用的各种功能模式十分强大显眼，如订阅、推送等，但是玩转微信的用户可能对微信的语音信息模式更感兴趣。很多商家也越来越多地利用语音信息这个强大的载体来更方便、直接地与用户沟通互动。

就像电台互动那样，语音交流更加亲切、直接，可以一问多答。而且，微信的语音模式较之电台来说，更有一个最大的优点：可以重温。

既然语音信息这个载体如此重要，那么企业家就不应放弃和拒绝这种新的营销模式。比如在微信群中，商家可以和众多粉丝及用户一起进行语音互动，或者通过添加附近的人，来找到附近的人发起群聊，用语音与对方互动。

显然，用语音功能进行微商营销，效果是非常明显的。不过在使用这个功能的时候，我们要把握一些技巧，否则不但很难取得较好的效果，而且可能还会起到反作用。

　　随着微信语音功能在微商中运用得越来越多，张强将这个经验分享给了一个代理商，这位代理商听了很高兴，然后开始运用语音功能与客户沟通。

　　一个月后的一天，张强和他在一个会议中遇见，张强问他："最近业绩怎么样？那个语音功能的效果如何？"

　　他说："业绩有所下降，没有以前好了呀！你说的那个语音功能我用了，但效果不是很好。"

　　张强问他是如何使用的，他告诉张强说："和文字聊天差不多。当对方问价格时，我就用语音告诉他价格，在微信群中看到有人咨询产品时，我就回答他们的问题。有一次感冒，嗓子不好，在群里回答客户问题时，一个老客户说我换了一个人，有的人说他们听不清楚我说话。总之问题很多，不是很好用啊！"

　　他向张强抱怨一通之后，张强说："不是不好用，而是你没用好。"

语音用得好会事半功倍，用不好将事倍功半。案例中这位代理商便是后者。下面我们来介绍运用语音功能与客户沟通需要注意些什么。

1. 态度热情

积极、热情地与客户沟通，才能激发出客户的积极性。客户提出问题之后，不要只是用简单的一两句话去回答就结束对话。在圆满回答客户问题的同时，要分析客户是否还会有其他问题，或者直接询问客户还有没有其他问题，以保证客户的满意度。

2. 吐字清晰

在沟通中尽量使用普通话，语速适当，吐字清晰，如同专业客服人员一样，当你提出问题后，他们的声音总是那么甜美，咬字标准、清晰，语速恰如其分。总之，给人一种舒畅的感觉。在与客户的沟通中，我们的声音、语速、咬字等也要向他们靠拢。当然，我们可能无法达到专业客服那样的标准，但最起码吐字要清晰、语速要适当，让对方能够听得清楚、听得舒心。

3. 会找话题

案例中，当客户询问价格后，这位代理商只说了一个数字，便没有了下文。这种沟通方式显然是不正确的。也许客户在犹豫、思考，这时你不说话客户当然不会说话。为此，用语音沟通要学会找话题。这一点在微信群中尤为重要，有时候群里面的气氛会很冷清，久而久之会影响客户的情绪。因此，微商要想客户之所想、聊客户之想聊，找到合适的话题用语音沟通，来提升微信群的气氛。

◇ 用视频向客户展示产品

随着无线网络的普及，以及4G网络的大面积覆盖，越来越多的人已不满足于之前的语音沟通，纷纷用视频开始交流。相对于图文来说，视频给人们的视觉冲击力更大。越来越多的微商用视频的方式向客户展示信息，也成了一种趋势。

在淘宝购物的人经常会看到一些商家用视频展示产品信息，商家的这种方式

第25计　不一定每次都推送文章

非常好。

后来，微信朋友圈推出了视频功能，可是只能拍几秒钟，也就是说，你只能拿着产品在镜头前晃一圈。对于微商来说确实有一定的效果，可以让客户看到真实存在的产品，也可以让客户看到你的仓库及备货数量，提升信任感。可毕竟时间太短，短短几秒钟，你还没有说几句话就结束了，的确效果不佳。

对此，很多拍摄视频的软件出现了，为我们做微商营销的朋友打开了又一条光明大道。

小高是一个售卖儿童服装的微商经营者，视频营销运用得非常好，她讲述了自己运用视频营销的过程。

起初，她在微信中做微商的时候，有相当一部分人不相信她，有人怀疑她是打着微商的旗号骗钱；有人怀疑她没有备货，质量、售后都无法保证。为了向这些客户证明自己的"清白"，她想到了微信视频。

随后，她来到自己的小仓库，用几秒的时间将备货拍了一遍，做成一个视频，再打开箱子拿出服装，围绕实物又拍了一个视频。然后，她分别将这几个几秒钟的视频连同推广文案发布到了朋友圈中，效果很是明显。那些曾经怀疑过她的朋友纷纷为她点赞。

后来，竞争加剧，为了证明自己产品的高质量，提高竞争力，她想：如果做一个能够证明产品高质量的试验，拍成视频向客户展示，是最有说服力的。可问题是微信中的视频功能时间太短，根本无法展示试验的全部过程。

思来想去，最后她借助第三方视频工具拍完了试验，并将视频以链接形式发到了朋友圈中，提升了竞争力，效果甚是明显。

除了3D技术之外，影音是目前最能直观表现事物的形式，相关的第三方软件也有很多，比如微视、美拍、会声会影等，拍成视频后可以用链接的方式在朋友圈展示，从而达到微商视频营销的目的。

此外，利用这些软件拍成视频后，我们还可以转换格式、自己动手剪辑制作，使得视频表现力更强。

针对微商，视频展现的内容除了案例中提到的几点外，还可以考虑以下几个方面。

1.客户见证

以客户现身说法的形式讲述产品的优势、特点及使用过后的感受、变化,以此来引导其他客户消费。

2.产品制作工艺

如果条件允许,可以将产品整个制作的工艺流程拍下来。这对于客户来说更具说服力,更能赢得客户的信任。

第 26 计
选好推送内容的时间

推送信息,晚上最好,因为这些时段读者有足够的时间来阅读。白天推送信息,适合做产品的促销,当下顾客就可以订购产品,带来产品真正的销售。

第 26 计　选好推送内容的时间

◇选择适当的时机推送消息

众所周知，如果一个人在自己想要休息的时间内被突然打扰，那么他一定会心情大变，十分厌烦。但是在微信营销中，很多企业总是"自以为是"，以为任何时间都能推送消息，从而招来粉丝的唾骂。曾经在网友之间流传着这样一段玩笑话："在不适当的时间内出现，就算你再漂亮，我也不会爱上你。"而对那些"自以为是"的企业来说，这句话应该被当作是一句警告。有些企业意识到了这是一句指桑骂槐的话，所以悄悄地开始反省，反省自己是不是在发送消息的时候没有注意时间，引起了粉丝不满。

很多企业为了盲目地追求粉丝数量，不顾用户的心理、想法和需求，而对用户展开了狂轰滥炸般的信息推送。虽然这会给企业带来短时间的粉丝量，但是却很难让这些粉丝持之以恒地保持对企业的热衷。

如果企业不能控制自己推送消息的时间，只会让粉丝望而生畏，从而对你产生抵触心理。

在2012年，曾经发生了一件影响很恶劣的事件。两大微信公众号——蘑菇街和美丽说分别在微信上展开了狂轰滥炸般的推送消息模式。不仅在公众号，就连它们的小号，也纷纷给众多用户发送这样的信息：关于年龄和性格的测试。这两条消息在微信的朋友圈内被疯狂转发，任何时间段内都能看到，甚至连腾讯创始人马化腾也被"骚扰"了。

（摘自《关于美丽说与蘑菇街的商业模式分析》）

很多用户本身就对这些信息很反感，更何况是在一些不恰当的时段内收到这些信息。所以可想而知，粉丝们的厌烦情绪是多么高涨。在这种情况下，"微信之父"张小龙不得不亲自出马，对微信账号进行了整合，甚至将蘑菇街和美丽说这两大时尚微信号禁言半个月。

从这个事例中，我们可以充分看出，其实任何微信用户都不希望企业在不恰当的时段发送信息。而这对企业来说是一件十分头疼的事情：到底应该在什么时段向用户推送消息呢？

微信团队负责人认为，用户在平常已经为那些无孔不入的小广告、垃圾邮件、垃圾短信所困扰，所以在微信上，绝对不能出现这类恶劣现象。曾鸣认为："企业公共号不应该不请自来地打扰客户，应该在用户需要的恰当时机内才出现，用户不需要的时候，不要来打扰用户。"显然，曾鸣认为，企业微信营销应该走精品路线。

首先，企业千万不要试图将一大堆内容推送给用户，而应把内容做精简。只有这样，才能吸引用户订阅。如果天天推送一些无聊的广告信息，那么你的企业一定是不受粉丝喜爱的。

比如，一条信息可以包含多个层面意思，但是要将它们做得完美一些，而且尽量不要选择大多数客户都反感的内容。

其次，在时间上要选对，不要骚扰到客户。这就要求企业多利用微信公众平台上的"数据分析"功能。

在这个功能中，企业可以看到你发送的信息，用户是否阅读了、用户的浏览量是多少、用户转发的次数是多少、用户在哪段时间内转发，甚至用户在哪段时间内取消了对你的关注、在哪些时段新增了粉丝数等。这些能帮助企业来获得基础数据，以此分析在什么时间段给用户推送消息是比较恰当的。

而且，各个企业可以根据自己的类型和风格来确定比较恰当的粉丝接收消息时间。比如金融、新闻行业，可以在早上给粉丝推送消息；而餐饮服务业则可以选择在饭点给粉丝发送消息；时尚、娱乐等行业可以在晚上给用户发送信息。这样就能将企业最新消息在最恰当的时间内推送出去，对企业而言，这是它们最希望看到的景象。

◇精准投放广告信息

微信公众平台有一个很好的功能，那就是每天都有一次很"宝贵"的推送消

第26计　选好推送内容的时间

息的机会,既然推送消息的机会是如此宝贵,就需要公众号的运营者在消息推送前对消息进行合理的编辑。

好的产品要卖给识货的人,好的广告要做好精准投放,让你的客户在合适的时间点看到,才能提高广告的转化率。正所谓"知己知彼,百战不殆",你想做精准广告投放,就要了解目标人群的特性,推导目标人群的活跃时间,只有这样才有效果。在节庆假日期间(含前后几天),微信、微博、QQ空间人群活跃度降低,需慎重投放,这期间做活动通常效果都很差。遇到"双11","618京东店庆",如果你有资源,建议配合"平台大型活动"进行投放,可以大大提高订单的转化率。

天天发广告的微商,是最无奈的微商;但是连一条广告都懒得发的微商,是离"死"不远的微商。一个好的微商,一定是内容规划做得好的微商。微商每天发布的信息一般要保持在5~8条,内容要符合网民心理,坚持做原创,发送的时间段要根据相应客户群体的生活规律来定,以下仅供参考:

6:00—7:30　和大家道早安。大家刚睡醒时,都会拿手机看一下,粉丝看到的第一条消息可能就是你的。一天的第一条消息,内容要积极、轻快、愉悦,给人一天好心情,但字数不宜太多,能用一句话就不要用两句话,早上大家时间都很赶。

8:30—9:30　这个时间点,大家马上要开始工作,或者已经处理完了一些事情,会看看动态,刷一下朋友圈。

11:00—12:30　午饭时间,适合晒单、做推广,也可发布一些生活化的内容。

14:00—15:30　下午大家都比较没精神,情绪低落,可以发一些唯美、舒心的东西。

17:00—18:30　大家都下班了,下班路上是看手机的高峰期,可以做广告,也可以发美食。

19:30—20:30　吃过晚饭,大家有足够多的时间看动态,刷朋友圈。

21:00—22:00　忙完一天的工作,人群最活跃的时段,可以发一些互动性强的话题,多和粉丝交流。

23:00—24:00　和大家道晚安,安静、舒心、安然入睡。

内容营销是一门很深的学问,你不仅要掌握心理学、社会学、产品的知识和网民的心理诉求，还要紧抓热点，懂得如何加工热点消息，吸引粉丝的眼球。生产内容的基本原则和关键点已经告诉大家，只要按照基本原则和关键点去执行、去思考，相信你们的微商之路一定会走得更容易，再也不会为内容生产发愁。

第 27 计
多学习一些写作技巧

作为微商,有必要学习一些写作技巧,怎样写标题、怎样排版、怎样用文字激发读者的兴趣。

第27计　多学习一些写作技巧

◇写一些新颖、有意思的内容

在微信中，关注你的每一个用户，都是实实在在的真实用户，不像微博上存在一些"僵尸粉"。也就是说，你推送的微信内容有90%的人都会看到，如果你的内容不"讲究"，就无法引起他们的兴趣，别说购买你的产品，点开信息阅读的人也会很少。

有人可能会感到疑惑，做微商推广的内容无非就是一些产品介绍、打广告，这样的内容要引起客户的关注似乎很难吧？的确，如果仅仅靠广告、产品介绍来做微信推广的话，很难引起读者的兴趣。但是我们可以把微商推广内容做得更有意思、更新颖，让读者看产品介绍、广告的时候不产生厌恶的感觉，从而，激发他们看推广内容的兴趣，甚至将推广内容转发、分享，这样，我们的微商营销就会取得最好的效果。

小马是一个做旅游的微商，主要通过微信寻找一些想旅游的客户。有一天晚上，他在微信中发布了一篇文章，附有一些旅游景点照片，内容如下。

"亲们，晚上好啊！下班路过人民公园，看到很多花都开了，非常美丽。回家打开电脑在网上看到一个猥亵案，顿感气愤，接着又看到一个捡到5万元寻找失主的大哥。真不明白，这个世界上是好人多还是坏人多呢？

不过，有些时候我们会做出一些让别人感到惊讶的事情，比如近几年兴起的背包客，来一场说走就走的旅行。在老一辈人看来，这种做法无疑是荒唐、可笑甚至不负责任的，可是对青春年少的我们来说，谁能说这不是一种激情的表现呢？

亲们，晚安了，天气变凉，小心感冒。当你感到无聊时，可以随时找我聊天哦，我不是机器人，我是卓越旅行，我的微信号是……"

单看这篇文章，很难让人想到这是微商发的广告，因为里面有正能量，有个人心情感悟，有风景照片，抒发了一种想要旅游的冲动。相信大多数微信用户看这样的消息内容外加一些风景照的时候，一定不会感受到广告带来的厌恶感。

所以，对于微商，所谓的"内容为王"不单单是说产品内容，还包括一种产品内容之外的价值。产品在推广内容中点到说清就好，不要占据大量的篇幅。我们经常看到一类微商，满屏都是自己产品的介绍，如何好、如何物美价廉、如何具有特点、如何不买就亏了等等。除此之外，没有任何东西。记住，微信的主要功能是社交，很多微信用户之所以用微信，就是因为沟通方便。作为微商，我们要迎合用户的这个需求，不要单纯地为了做微商而做微商、为了打广告而打广告，这样只会使用户感到厌烦，被用户屏蔽。这一点很多微商还没有意识到，所以要深刻认识理解。

微商内容推广，不要只为了推广产品而推广，要明白用户使用微信的目的。从这个角度出发编辑内容，才是最好的微商推广内容，而且更容易让用户接受。

◇内容要让粉丝接受并喜欢

同样是描写某一种事物的文章，有的文章读过之后会让人心情舒畅、印象深刻，还想推荐给他人；而有些文章让人看了第一段之后就不想再看第二段，随之抛在一边，几天之后，自己都想不起来还曾看过这篇文章。同样是文字，要想带给人不同的感觉，除了作者要具备一定的文字功底外，最重要的就是写作技巧。

微商推广虽然是以产品为主的一种推广，但同样需要一定的编辑技巧。有技巧的推广如同一篇好文章，即使有广告，也会让人耳目一新。

要编辑一个好的微商广告，要有好的材料。能够让粉丝接受并喜欢的选材主要有以下几个方面。

1. 专业性强的内容

比如你是卖美容产品的，那么在推广自己产品的同时要提供一些美容相关的专业知识，而且要有自己独到的见解。这样，用户在阅读了你的文章之后才会产生一定的信任感，觉得你对美容业比较了解，从而信任你的产品。就像社会上有很多专家，他们推荐的产品消费者都会去购买，是因为他们够专业，消费者相信他们。微商内容也应该有这样的作用。

2. 有价值、有意义的内容

这里的"价值"是对于用户也就是消费者而言，不要光说你的产品效果如何好、质量如何好，这样的说辞在当代社会对消费者起不了多大的作用，因为用这种说辞行骗的人太多。为了让你的推广内容变得有价值，除了产品介绍外，添加一些生活小窍门、减肥攻略、常见病治疗和预防方法等。有了这些内容的存在，客户可能会收藏、分享你的推送信息，由于内容中包含着产品介绍及你的微信，这样一来，信息就会被扩散放大。

3. 故事性强的内容

有不少人喜欢读故事，我们可以考虑将自己的产品融入故事中展现给粉丝，这样他们更容易接受。从这个角度编辑推广信息有一定的难度，因为用老故事，客户不一定会喜欢，不一定能引起客户的兴趣；用新故事，需要自己去创作，一旦与产品融合得不好，也起不到好的效果。所以，这个方法要视自己的情况而定。当然，我们还可以故事形式将一些客户成功案例编辑在内容中推广，不过需要注意的是，要能够向读者充分证明案例的真实性。

4. 社会热点内容

有相当一部人很喜欢"八卦"，尤其是女性；还有相当一部分人喜欢关注社会政治热点。我们可以以此作为微商推广内容的题材或者引子，来激发读者阅读兴趣。

5. 以个性观点为内容

俗话说："物以稀为贵。"如果在大街上出现一只大熊猫，必定会引来众人围观，媒体也会前来关注。而如果出现的是一只猫或狗，肯定会被视而不见。微商推广内容也应如此，以个性观点开头，然后再掺入产品介绍，通常也会取得较好的效果。

有一个卖面膜的微商，他在朋友圈发布了这样一条信息。

标题："面膜会要你的命！"

内容：先讲述使用劣质面膜会对人体造成的伤害。然后从这些劣质面膜所含的有害物质开始，逐层分析，得出劣质面膜可能导致癌症，进而致命的结论。最后他介绍了自己的面膜，如成分等，用一些数据说明此种面膜不但不会致命，而且具有很好的保养作用等。

从微商的角度分析这篇文章，首先它能带给人一种强烈的阅读欲望；其次，整篇文章阅读下来，让人涨了很多知识；最后，对他的面膜产品有了深入了解，并且有了购买欲望，当然，这一点是他这篇文章的重点。

"面膜会要你的命！"对于这样的标题，一直在使用面膜的人一定会打开文章仔细阅读，因为这关系到自己的身家性命；不使用面膜的人大多也会去阅读，因为之前没有听过这个观点，会感到好奇，想明白面膜是怎么要命的。所以，基本上95%的用户都会阅读，而且还有可能被分享。由于内容中掺入了自己的产品介绍，所以能够起到非常好的营销、推广作用。

选定了方向及题材，接下来就是下笔编写了，写作需把握以下两个技巧。

第一，文笔。你不需要有鲁迅般犀利的文笔，但一定要有清晰的逻辑，且有"亮点"在里面。总之，至少有一两句话能够打动读者。

第二，文风。幽默的语言风格能够很好地激发读者兴趣，严肃、沉稳的语言风格能够体现"高端、大气、上档次"，具体运用哪种文风，要根据个人营销的产品服务进行选择。如果你是开茶楼的，那么你可以用诗词的风格来述说茶文化，当然诗词不一定是你创作的，引用古代诗词即可。如果你售卖的是儿童玩具，那么选择通俗易懂、带有儿化音的文风会显得更加亲切。

为了让内容发挥最大的效果，内容编辑还需把握"精简原则"和"回复原则"。当下，虽说很多人都喜欢玩微信，但随着信息量的剧增，通常一个人不会有耐心看完一篇上千字的微信文章。所以，内容要精简。如果推送的信息确实很长，正文可以以链接的方式推送。及时回复用户的问题，语气要亲切、回复要全面，最好能够带一些生活化的语气，这样用户才会愿意和你沟通，愿意放下心中的戒备。

第 28 计
让公众号活跃起来

企业先学好服务500个、1000个微信客户,用户多少不代表营销能力,仅仅是一个数量,用户的互动价值才是微信营销的核心,多创造和读者沟通的话题,让整个公众号活跃起来。水不流动就变成了死水,公众号没有活跃度就是一个死号,没有任何价值。

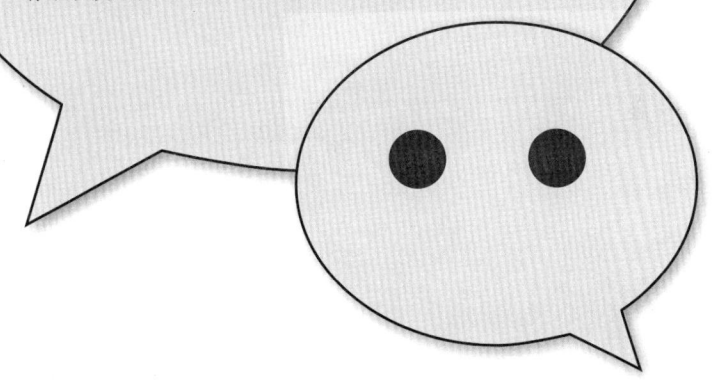

第28计 让公众号活跃起来

◇利用小号为公众号加粉

在讲到利用微信公众号来营销时，很多微商往往会产生这样一个问题：建立了公众号之后，如何让粉丝知道并且关注公众号？没错，这是一个十分实际的问题。众所周知，像星巴克、麦当劳、唯品会等大品牌，它们建立公众号之后，不需要太多的宣传就可以获得很多粉丝关注，因为它们本身就是品牌，粉丝自然会主动关注。但是，如果不知名的企业或者中小企业想要将自己的微信公众号推广出去，获得粉丝，似乎不是一件特别容易的事情。

然而，只要我们静下心来好好思考，就一定能够想到办法。官方大号利用小号来加粉丝为好友并且做推广就不失为一种好方法。

当你的官方大号得不到宣传的时候，最好寻求一些辅助、帮助，利用小号来推广大号已经被很多企业证实是一种有效的方式。经过市场调查，适合利用小号来加粉做推广的行业主要包括：美容业、娱乐业、艺术创造业、服装业、餐饮业等。在北京曾经有一家做艺术设计的工作室，就是利用小号进行加粉来推广大号的。

一开始，这家工作室就跟上了微信营销的发展潮流，建立了企业公众号平台，在这个平台上也设置了很多优惠信息、艺术设计创意活动、艺术作品展销等内容。但是令该企业着急的是，企业公众号上的粉丝仅十几人，而且还都是老板的朋友，所以很难推广。

后来，老板想到了利用小号来推广的方式。于是，让企业员工纷纷建立几个小号，在小号的签名中都填入企业的广告，并且在小号的朋友圈、附近的人等功能中，推广大号，将企业的公众号推荐给朋友和附近的人。这样一来，企业在很短的时间内，就获得了不少粉丝加入。一个月之后，该企业获得了接近1500名粉丝。

接下来，该企业又举行了一些线下活动，很快粉丝数量又得到了迅速提升。如今，该企业已经获得了认证，成了艺术企业中的佼佼者。

由此可见，通过小号来宣传和推广大号的主要有以下几个方法：

1. 小号签名不可忽视

想要用小号来推广大号，就不能忽视小号签名。在签名栏里，我们可以将企业大号的微信号或者企业的名字以及简介放在上面。这样别人就能看到你的这个信息，有需要的人就会关注你。

2. 利用查找"附近的人"来向附近的人打招呼，做宣传

小号可以通过"附近的人"功能来向附近的陌生人打招呼，甚至可以群聊发信息，将大号推广出去。这对一些地处繁华商业圈的餐饮业、美容业、娱乐业等都很有帮助。附近的人只要看到你的信息，如果他们有需要，就会关注你。

3. 通过"摇一摇"等来推广大号

招商银行就曾经使用这个方法来推广自己的企业公众号，而通过"摇一摇"功能还可不断地摇出新的朋友，然后将你的信息和大号强制推广给他们。在这个过程中，一定会有人因此而关注你。

4. 群聊发信息，推广大号

小号可以通过将自己的好友拉入微信群进行群聊。在群聊里，我们完全可以将大号的信息、平台号推广给群成员。这样一传十，十传百，就一定能够扩大自己的声势，宣传自己的平台大号。

◇用免费服务吸引客户

说穿了，我们营销还是为了赚钱，不管是采用哪种活动形式，这一点不会改变。虽然微信营销活动对用户吸引力最大的还是免费项目，可是如果一直免费，就算你有成千上万的粉丝，最终还是只能关门大吉了。

免费是为了收费，这是大家的共识。关键在于怎样才能把客户从免费服务引导至收费服务上。

免费策略在销售中经常被用到，而在以微信推广的营销中，更是必不可少的

第28计 让公众号活跃起来

活动。就如同上文分析的，加关注就可以获得一杯免费饮料和加关注可以获得八折购物的权益，大部分人会选择前者。尽管八折权益可能带来的价值更大，但并不妨碍我们去获取既得的眼前利益。

然而对于商家来说，可以利用免费饮料吸引对方一次两次，但是如果对方持续不消费，而是不断从商家这里拿走免费饮料当然不行，所以商家必须要让他开始在这里消费。

在营销策略中，有一种"免费午餐定律"，意思是商家让消费者吃到免费的午餐，让消费者有一种潜在的愧疚感，消费者就会购买商家的东西。

这种模式在日常买卖中经常会遇到，比如，卖花生的阿姨会让你尝尝她的花生，你觉得好吃，就会多多少少买一点。同样，卖菜的大叔如果每次在你买菜后还送你两根葱，你同样会忠实地成为他的顾客，尽管你知道也许在别家摊位上买的菜会更便宜一点，但这不妨碍你依旧选择在他那里买菜。因为你的心里会有"内疚感"。

于是问题就出现了。为什么在这时"免费午餐定律"能起作用，而在要做其他销售时，却收不到效果呢？

比如，最典型的培训业，有很多培训公司都会以免费沙龙的形式去吸引客户，无非是为了让大家在喜欢上该项服务以后，愿意为获取更好的服务买单。思路是好的，但事实上效果往往不尽如人意。免费的沙龙很多人都会来听一下，反响似乎也很热烈，可要让他们参加一些培训和再学习，他们却并不积极。

问题出在哪里呢？

比如，小李的烘焙商店，她虽然在举行免费的烘焙沙龙，但沙龙或者烘焙教学并不是她销售的产品。如果她把这改成销售的主要方向，参加过沙龙的人就会觉得，我既然都免费参加了，你之后还要收费，我就很难接受。所以，消费者可以掏钱买烘焙原料，但是让他们掏钱去学习烘焙技巧就很难了。

其实，要让"免费午餐定律"起作用的条件有两类，要么就是消费的代价很低，几元、几十元甚至一两百元的东西，买了就买了，就算是为了你的心意，我也可以领这份情。但是当购买的东西价值几千上万元时，情况就变化了。

从免费项目到收费项目，尤其是价格相对高昂的项目，对消费者来说，需要作出的心态调整比一开始就收费更大，他可能很难接受这种改变，无法作出购买动作，我们之前的努力也就白费了。

客户骨子里永远希望不付出代价就能获取回报，尤其是当他吃到免费的午餐后，你还期待他会为此掏钱吗？是的，在他的概念中，这个产品只值得免费！更重要的是，客户十分清楚，你的免费，是为了后续的收费。在这两个因素累加下，如果要让事情改变，就只能让对方相信一点：我付出金钱，可以得到比这更好的结果。

我们来看这样一个案例：

A公司和B公司都属于早教行业，两家公司从环境、课程定位再到教育模式都相差不大，价格也是在伯仲之间。在这种情况下，决定两家早教中心生意好坏的除了环境，就只剩下营销手段了。

这两家公司采取的营销模式也非常接近，都属于传统媒体+新媒体营销，儿童医院、妈妈网络社区上都能看到它们的广告，双方也都开展了微信营销。但最终结果却令很多人觉得不可思议，因为那个地域更偏一点的B公司的生意反而更好一些。

答案其实就在免费策略的运用上。

一般来说，早教中心都会不定期地举行试听课，让妈妈们带孩子来试听，这种试听课每个月会有一两次。目的很明显，就是让妈妈和孩子感受课程的内容，了解学校的软、硬实力。但是很多精明的家长其实都知道，基本上比较大型的早教中心都会有试听课，我这周在这家听，下周去那家听，只是免费地走上一圈，也许孩子都一两岁了。既然如此，我为什么还要花费几万元的代价去购买课程呢？

这就是问题的关键——几节免费课无法让消费者产生足够的内疚感，促使他进行消费。

A公司的免费营销模式是比较传统的，所以效果有限。相比之下，B公司就比较大胆。B公司也有免费试听课，但是试听课的时间不是一节课两节课的时长，而是两个月，也就是16节课。按照200元一节课的价格来计算，这相当于让家长省了3200元。这么大的优惠，家长们当然愿意参加。

但是要获得这个免费试听的名额是有条件的，首先必须要加微信，调查表必须要做，这对于家长来说当然没有问题。另外，家长还必须要遵守一个规定：这16节课虽然是赠送的，但是家长必须按照要求准时上课，不可以迟到、缺席，否则就要把免费试听的名额让给其他家庭。

如果你是家长，面对免费的16节试听课，会不会愿意遵守早教中心的规定呢？的确，很多家长都愿意。因为既上了课，又省了钱，一举两得。

事实上，这正是B公司要达到的效果——在之前的调查中该公司发现，很多家长之所以不愿意购买早教课程，除了考虑价格因素之外，更重要的一点是因为不知道花了这笔钱有没有效果，而早教课程要有效果，最好是每周来两次，有的家长考虑到，周末希望自由安排时间，平时上班又没空，再加上免费试听的机会很多，这才放弃了报名。

我们可以想象一下，如果这16节课家长带着孩子一堂不落地上下来，而且感觉也不算累，是不是这层顾虑就被打消了呢？

除此之外，更重要的是这16节试听课并没有因为免费而缩水，不仅教学计划都通过微信发送给家长，而且在课程设计上也很有针对性——让年龄相差不大的孩子组成一个班，上课时由老师带领着进行团队协作的游戏。两个月以后，很多孩子都和其他小朋友变得熟悉了，一到周末就想去早教中心和他们一起玩。并且孩子的社交、美术、舞蹈等方面确实有所提升。对于家长来说，重磅的免费午餐已经在很大程度上平衡了收费带来的阻碍，再加上孩子本身的变化，转变的动力已经足够。这时候再让家长们接着掏钱去上后面的课程，时机就成熟了，所以B公司的续单率非常高也不奇怪了。

第29计
记住那些优秀玩家的方法

新手玩微信,从关注优质的微信号开始学习,记住那些优秀玩家的方法,最好每天都能拿笔记下来,自己对比一下哪些地方可以做得更好,更有利于自己以后的运营。

第29计　记住那些优秀玩家的方法

◇多做一些团购优惠活动

团购作为新的优惠形式，已经被越来越多的年轻人接纳。根据2011年国内团购市场销售数据统计结果显示，当年总共进行了团购活动约54万期，从1月到12月，团购销售额持续增长，累积超过110亿元，平均折扣率为64%，帮助消费者节省了196亿元的生活开支。至于参加团购的人数，更是超过了3亿人次。事实上，为什么我们不太推崇折扣卡，就是因为团购的流行。

以餐厅为例，通常情况，一家店的折扣卡是8折左右，100元的菜，最后算下来是80元。在以前来说优惠力度还是可以的，但与团购比起来就差远了。也许通过团购网，消费者可以花40元购买100元的代金券，算下来就是4折。我们想一下，折扣卡能不能做到4折？当然不能！要不店家就亏死了。但团购就可以，因为它可以附加额外消费限制，比如时间限制、菜品种类限制，或根据季节等条件灵活制定规则。

此外，消费者拿着一家餐厅的折扣卡就只能在这家餐厅消费，但通过团购可以去很多商店消费，而且是很灵活的。消费者可能正在一楼逛服装，突然决定要去六楼吃汤锅，于是拿出手机搜索团购信息，下单，购买，等她走上六楼，团购的密码短信早已经发到手机上了。

团购有这些优势，折扣卡怎么能与它相比呢？所以我们在设计微信活动时，是不是可以想办法把团购信息和微信平台嫁接在一起呢？

毫无疑问，团购的火爆会持续下去，但凡合适做团购的企业，若不能搭上这趟营销快车，必将失去极大的市场。可是，怎么搭，就成为很关键的问题。通过传统方式去和团购网合作的话，模式很简单，就是去团购网注册，通过审核，确定折扣价格等信息，然后等待验证通过即可。但是会出现一个很关键的问题——推广。

如果是在团购网刚刚"起步"时，凡是参团的商家都会由团购网负责推广，上首页很容易，长时间推广也没问题。但现在随着团购信息越来越多，大家都在排队等位置，如果你和团购网的编辑很熟，也许很快就能上推广位，而且还可以放很长时间。但如果没有这层关系，也许只会在首页出现一瞬间就被挤掉。幸运的是，客户可以通过团购搜索引擎找到你，可如果你所在的商圈还有更吸引人的同行在做团购，也许只是一念之差客户就会弃你而去。

"团购不是万能的，但没有团购就万万不能"已经成为众多企业的共同观念。可如何让团购发挥最大的价值，成为摆在每个企业面前的重要问题。

如果你之前做的团购并不成功，那么除了反思产品和价格的号召力之外，还应该考虑是不是海量的相似信息淹没了你的价值。或许，是时候再次动用微信的力量了。

很多企业在微信中推广的活动会囊括优惠卡项目。但我们已经发现，优惠卡的吸引力已经被团购远远甩在了后面。

既然如此，不如把微信的推送信息更换为团购信息。比如，某餐厅的微信营销人员每天的工作内容之一就是，午餐和晚餐前利用公众号给粉丝发送当天的团购信息，同时利用私人账号搜索"附近的人"，在向他们发送餐厅介绍的同时，将团购优惠信息也添加在内。而对于每位到店消费的客户，服务员都会小小地调查一下对方是通过什么渠道知道该餐厅的，以计算微信信息的到达率。

之后，餐厅发现有的客户是通过微信信息慕名而来，但是出于某些原因，没有事先团购。对于这样的客户，一般商家会按照原价提供菜品。从道理上来讲当然没错，因为团购本来就是伴有条件的促销活动，其条件就是提前锁定消费。如果没有团购就按照团购价获得商品或服务，对商家来说其实是有利润损失的。

但站在营销的角度我们会发现，到店咨询的客户和团购过后来消费的客户是没有区别的——他们都要消费，需求的价格一致。关键是，我们做团购就是为了推广自己的产品，既然有人愿意接触、了解，为什么要将他们拒之门外？而且根据我们的了解发现，一般被要求必须团购以及提前预订的客户往往会放弃当天的购买行为，或许他们后来会团购，或许不会。可如果允许他们以团购价消费，结果是一定会促成当天的购买行为。

可又有问题出现了，如果很轻易就允许客户直接以团购价消费，也会给对

第29计 记住那些优秀玩家的方法

方一种错觉,该产品就值这个价格,因为他没有和别的团购客户同等的付出,没有通过诸如在团购网事先购买这样的"仪式"来确认自己这份优惠的来之不易。既然少了"仪式",我们就再做一个"仪式"来平衡即可。

最便于操作的就是让客户填写反馈表,因为没有团购就要求按团购的价格来结算,本来就会让客户有"愧疚感",就好像关注商家微信号来换取免费的饮料一样,客户对于填表之类的事情,阻抗其实是最低的。考虑到客户较高的合作度,这样的表格可以设计得更细致一些,多获取一些诸如希望什么时间收到微信、收到什么样的优惠信息之类更具体的反馈。

此外,商家还可以强调,凭借包含团购信息的微信信息可享受与团购一样的商品价格,这样确立了微信的价值和含金量,提升了消费者关注商家微信号的动力。

随着时代的发展,新媒体的融合已经呈现出越发明朗的趋势。除了商家自己可以借助微信的力量来推广团购活动以外,现在已经有越来越多大的团购平台也在借助微信推广自己。

> 比如,高朋网就在2012年底开通了"微团购",用户通过微团购的公众号,可以查看最新的团购推荐信息,并且可以利用微信直接下单购买,因为"微团购"已经打通了支付,支持财付通、支付宝支付。在关注"微团购"后,用户可以通过"微团购"名片中的"每日团购精选"进入团购,选定城市后直接在页面内进行列表式的团购信息的浏览,选定合适的团购之后,可以直接在页面内以微信账号身份使用财付通、支付宝进行支付,三步完成微信应用内的团购购买。
>
> (摘自《高朋网完善微团购体验,新高朋网新注册用户数过亿》)

这样的模式比通过手机浏览器登录团购网再下单支付更加快捷,也更加节约流量。所以在未来,无论是销售型企业,还是类似团购网这样的平台,都应该充分利用微信的价值,让自己的微信账号的功能越来越丰富。

◇娱乐行业的微营销

说起娱乐行业,相信大家首先就会想到影视、健身、唱歌、游戏、休闲等场景,当然,如今社会上各类娱乐行业和设施也不断在完善。而随着电子商务和网络营销的崛起,这些娱乐行业的商家们也开始喜欢上了网络营销。特别是在2013年7月,当全国微信用户数已经达到4亿的时候,各个娱乐行业的老板们开始更注重微信营销了。

娱乐行业是一个各具特色的行业,所以微信营销在这个过程中也就显得十分重要。当然,也有很多娱乐行业企业在微信营销方面取得了佳绩。有这样一个消息:某KTV店通过微信营销赢得了很多客户。这堪称是娱乐业内使用微信营销的一个成功案例。当然,我们很想知道它是怎么运作的。

根据调查,这个KTV在微信公众号上会与粉丝进行一些有新意的互动,比如,通过回答问题、做小游戏等来博得粉丝的喜爱,如果粉丝问题回答得好,还会得到KTV的一些优惠券。

回答小题目或者做小游戏这样的方式,给粉丝带来了不同的体验,不但提高了粉丝的黏性,还可以更好地让粉丝去宣传该KTV,达到口碑营销的良好效果。如KTV的微信账号设立的"K歌达人"板块,粉丝只要根据提示唱出一小段歌词,连续答对5题,就可以获得该KTV2小时的免费包房优惠。当然也有些粉丝不一定全都答对,但是只要答对2题,便可获得该KTV提供的免费饮料若干或者代金券。

这样的微信营销方式,很容易就会形成一定的影响力。若一个粉丝通过这样的方式获得了优惠,那么他一定会向他的朋友推荐该KTV的微信公众号,一传十,十传百,很快就会扩大KTV的消费群。

这对KTV来说,既提高了利润又得到了很好的宣传,可以说是一举两得。

随着微信5.0版的发布,很多KTV在微信营销上还会更积极地与粉丝互

第29计 记住那些优秀玩家的方法

动,了解粉丝的需求,甚至会将粉丝预订的房间图片在第一时间通过微信发送,直到让粉丝满意为止。当然,KTV的微信公众号还可以利用"附近的人""摇一摇"等功能向附近的人发送KTV的最新优惠活动信息,让更多粉丝加入这个娱乐活动中来。

在娱乐行业中,很多商家都可以利用这种方式来扩大自己的消费群。比如,电影院可以开通微信公众号,向关注者发送电影院的最新优惠券。而且微信5.0版更新之后,还支持在线选座支付,粉丝可以直接在线支付,无须去电影院排队选座,以免错过最佳位置和电影。当然,电影院也可以利用给粉丝设立小问题的方式来让粉丝赢得优惠券。

总之,健身房、休闲书店、游泳馆、瑜伽中心、唱片店等都可以利用这种微信营销方式来为自己拉拢客户,赢得粉丝,扩大消费群。

第30计
拥有好的渠道很重要

微信营销要靠渠道。拥有渠道的好处就是，每一天你都能获得稳定的粉丝，而不是一天增加500个粉丝，再过3天就没有粉丝关注。

第30计 拥有好的渠道很重要

◇口口相传更容易让人相信

常在营销圈里混迹的人，恐怕都知道一点：没有什么比口口相传更有效的了。通过口碑推介而产生的销售要比其他潜在客户开发等活动产生的销售高很多。为什么呢？很简单，口口相传，更容易让人相信，让人放心。

那么在微信营销中，该如何利用不俗的口碑进行传播，达到口口相传呢？事实证明，仅靠一些粉丝是远远不够的。首先我们要知道，口碑的成立是基于优质的微信内容和消息，只有靠优质的内容，企业才能与粉丝之间产生共鸣。事实也证明，在任何挑战面前，只有企业自身拥有充分、强大的优势，才能让竞争者的一切把戏不攻自破。但仅凭这些还是不能够达到口口相传的。

众所周知，不管做什么事情，一个巴掌拍不响。如果你认为自己的微信营销堪称完美，但你只是孤芳自赏，那么你的口碑同样也不能够得到认可，这还需要有一群拥护你的粉丝和用户。只有真正欣赏和追随你的人，才会为你的好进行口口相传。所以，你必须要做好自己，做好了自己，口碑、人气也就自然纷至沓来。那么怎样才能在微信营销中通过口口相传，达到口碑传播的效果呢？

1. 微信互动应以真诚为基础，切勿敷衍了事，推卸责任

想要达到口碑营销的目的，又不想真诚对待用户的企业，在口碑营销方面的工作是无法开展的，甚至还会适得其反。微信营销中，企业必须要与客户进行真诚的交流和互动，用户需要解决问题时，企业要及时给予解决。另外，企业处理一些信任危机时，不能只是掩盖事实，而是要在真实的基础上澄清事实，用真心消除用户的误会，粉碎谣言，这样才能让企业的好声誉得到宣传。否则，会失去口口相传的真正意义。

当企业有了新产品，或者有新的消息要推广时，在微信上，一定要想方设法以亮点或新鲜的体验吸引用户注意，促使用户为自己广而告之。当然前提

是要给用户一个认知的时间，让用户自己作出决定。企业要进行这样的思考："这个消息（产品）到底值不值得用户去为我广而告之？"企业要充分站在用户角度想问题，只有这样，企业才能推送更符合用户心理需求的消息，企业的产品才会真正产生市场价值。

2. 记住"好事不出门，坏事传千里"

在营销中，如果企业做得好，用户可能不会为你广而告之；一旦企业做得不好，用户就会大肆给你做不好的宣传。微信营销同样如此。无论是产品还是你在微信上与粉丝的互动、服务，如果你对一个粉丝做得不好，那么很可能会有10个粉丝取消对你的关注。曾经有人这样说："如果你的东西做得很好，那么客户很可能只会对5个人说起你的好，但如果你的东西不好，那么这个客户就会对至少25个人说你的不好。"显然"坏事传千里"这样的教训和结果太可怕了。所以，企业一定要在微信公众平台上做好服务、交流，在营利的同时，切记要保证产品质量、服务的优质，唯有如此才可能产生良好的口碑，从而引起其他人对企业的关注。

3. 微信营销需要情感维护

对于微信的口碑传播，我们认为企业要做好情感营销，靠用户的鼓励和煽情来提升产品的知名度也不失为一种好方法。人与人之间，有情感保障的交流才能长久，所以企业在微信营销中，务必要通过这种情感的维护来让用户全身心感动。这样，用户才会为你进行口口相传，也才能提升产品的知名度。而企业营销的目的也正在于此。如果在这种情感力量的感化之下，企业的产品、服务得到了口口相传，那么自然也就会吸引媒体进行广告宣传，这就能在很大程度上提高企业的知名度。

4. 企业要让微信上的资源循环起来，保持跟进

企业必须要明白一点：微信公众平台上的粉丝很可能与很多潜在客户有联系，并且能够作为持续的旁观者来帮助你进行口碑传播。

所以，企业必须要持续跟进客户。比如，经常给客户发送一些温馨的微信消息，将最新优惠活动或者会员制度优先告诉微信客户；在节假日优先问候新客户，送上对客户的祝福和承诺，并且要表现出对用户关注的感谢之情。这样一

来，客户自然就会对企业产生很强的依赖性，也就会不自觉地向他的朋友宣传该企业，这就做到了口口相传。

发挥口口相传的魔力，扩大企业的影响力是一个品牌企业必须要运用的营销策略之一。当企业的产品被用户认可之后，作为用户，他很乐意向其他人推荐你的产品以及服务。正所谓于人之便就是己之便，企业微信营销也如此，想要推广得好，就必须要做好自己，只有做好了自己，才能够在无形之中为企业奠定良好的口碑。

◇ 用小礼品吸引粉丝

要想让微信公众号上的粉丝越来越多，就要做一些实际行动。比如设置一些小礼品，这样便能快速、直接地吸引更多的粉丝。

在微信营销界，流传着这样一句话："无活动不营销。"也就是说，如果你只是单纯地给用户发送一些硬性广告或者宣传，或为了推广自己的微信号，简单地向用户发送自己的微信号，希望博得用户的关注，这种转化的成功率基本上很小，甚至为零。所以，企业要为微信用户送上小礼品，这样才能表现出企业的诚意。那么用户收到你的小礼品之后就会格外开心，甚至感到自己是幸运的，对一个赠送礼品给自己的人，有谁能拒绝呢！

关注星巴克微信公众号的粉丝都知道，星巴克经常会举办送粉丝一些奖品的活动。如在圣诞节的时候，星巴克会准备一些小礼品随机为用户送上。星巴克微信公众号的客服人员还经常因为要积累粉丝量，而发起在"附近的人"中，随机为他们送上精美的手机壁纸或者礼物的活动，这一举动让用户感受到了浓浓的关怀。如此一来，星巴克的粉丝只会越来越多，而且越来越坚固，形成"铁粉"。

而与星巴克类似的很多商家也都举办过一些设有礼品的活动。比如，宝洁的公众号曾经向用户发起免费制作精美卡片的活动，吸引了大批用户关注；麦当劳也策划过赠送优惠券活动，让很多陌生用户对麦当劳微信公众号持续关注；呷哺呷哺也举办过免费送电影票的活动。这些送小奖品的活动，都能吸引客户关注。

（摘自《微信营销成功案例分析》）

下面我们就以一个品牌为例，来说一下关于设置礼品从而吸引更多客户的方式：

关于玉兰油的微信号有很多个，其中ProxbyOlay就是一个很成功的微信账号。大部分的微信账号都是通过直接采取一些简单的方式来向用户传达自己产品的信息。但是在玉兰油看来，这种方式并不完美，粉丝很难通过这种方式直接收到你的信息，更不会刻意去关注。于是，玉兰油选择了一个小策略，也就是设置奖品，吸引更多粉丝关注。2013年4月玉兰油的微信公众号上推出了这样的一个活动：只要回复"赐我抓水蓝精灵"，就可以得到玉兰油新升级的保湿凝露一套。

事实上，玉兰油的这个小策略确实很吸引人，不但让很多老客户纷纷来试试运气，还吸引了大量的新用户，并且在朋友圈里也得到了极大范围的扩散和传播。

之后，玉兰油还在继续用这种方式吸引用户，同时也在不断尝试给用户带去更丰富的礼品和惊喜。

玉兰油给用户带来的新惊喜，就是可以对它的产品免费试用。这对化妆品公司来说是一个不小的冒险，但玉兰油却认为这是值得的。而且，这个活动一经推出，也收到了很好的效果。玉兰油的公众号积累的粉丝越来越多。总之，玉兰油带给粉丝的是越来越多的惊喜，所以玉兰油微信公众号上的粉丝才会越来越多。

我们可以看出，通常情况下，粉丝对品牌的一些产品信息不大感兴趣。事实证明，一些品牌微信号向粉丝发送了简单而粗暴的广告宣传之后，粉丝很少会去点开看，甚至对方发得次数多了，粉丝还会取消关注。因此，从这个方面来讲，

第30计 拥有好的渠道很重要

企业若是做成这样的微信账号就得不偿失了。

所以,企业可以借鉴玉兰油的这种策略,设置奖品,以守为攻,用简单的小奖品来吸引粉丝持续关注和回复信息。俗话说:"有舍才有得",如此一来,你的用户才会变成你的"铁粉"。

第 31 计
微信营销靠粉丝

要想在很短时间里取得微信营销的成功,必须靠粉丝。请记住:微信营销靠粉丝。当然,要结合自身的实际情况选择合适的粉丝群,这样更有利于营销。

◇时不时地给自己放点"血"

利用微信会员卡来做营销，获得粉丝，这到底是不是一种可行的方法呢？其实是可行的。微信既然已经在营销方面杀出了一条血路，那么就一定会不断完善相关内容。正如我们所料想，很多企业、商家都在各自的微信公众号上向粉丝发送微信会员卡的相关信息。

我们先来回忆一下，在这之前，很多商家不断向客户推出注册会员，享受优惠的营销方式。但是，那时我们必须要将会员卡、优惠券放在自己口袋、钱包里。当你去商家消费的时候，要找到会员卡才能享受优惠。而且大多数时候我们办理会员卡，还需要当面与办理人员协商，通过一定的程序来办理，这样不但麻烦还很复杂。

但是，微信会员卡却节省了所有的流程。用户只需打开微信，扫描企业微信二维码，进入电子会员的特权条目进行下载或者安装运作即可。这样一来，仅凭微信就可以享受到会员待遇，享受更多优惠。如此方便，没有哪个消费者愿意拒绝？

在上海曾经发生过这样一件真实的事情：李明在一家店里喝咖啡，一位女孩坐在李明旁边，边吃蛋糕边和朋友打电话。当女孩打完电话之后，发现在桌子右下角有一个该店的微信二维码，上面写着：扫一扫，可以享受会员服务。于是，女孩拿起手机，很快扫描了一下。从她的表情上，李明可以看出，这个女孩扫描成功了，而且看到了令自己心动的内容。

后来，李明拿出手机也扫描了一下，果然，看到了该店的微信号上有会员卡特权这一项，而且里面的内容比较丰富，对用户来说也是非常有诱惑力的一点。

从上例中我们可以看出，企业要想用微信公众号来吸引粉丝，就要多让用户看到利益，看到优惠，这样用户才会青睐，并主动关注你。很多人以前包里总是装着很多会员卡、优惠卡,自从有了微信之后,只要拿出手机扫一下,就可以轻松享受会员尊贵待遇。曾有一家餐饮店,通过在微信号上设置电子会员卡,在一个月内吸引了4万名粉丝关注,根据调查,平均每天有接近1000人凭微信上的电子会员卡在该餐饮店享用优惠菜。

可见,这种利用微信来做会员卡的方式是企业吸引粉丝关注的一张"王牌",非常有效。目前,有众多餐饮店、服装店、旅行社以及服务业、娱乐业的商家等拿起了这张"王牌",向用户投去。所以,企业想要俘获粉丝,就要做点牺牲,时不时地给自己放点"血"。

◇搞一些大型的促销活动

凡是微信营销做得好的企业都知道:最立竿见影的吸引粉丝的微信推广方法就是搞一些大型的促销活动。没错,通过促销活动,来积累大量粉丝,是十分恰当的方式,也是企业家们应该学习的地方。

很多著名的企业都曾通过大型促销活动来推广过它们的微信公众号,包括各大电商网站,比如唯品会、当当网、乐蜂网、国美家电等。这些企业依靠大型的活动来吸引用户关注,在促销产品、获得利润的同时,还赢得了微信上的大量"铁粉"关注。

有一家服装城在搞促销活动。这家服装城位于南京市的繁华地带,周围几乎都是服装店。该企业的老板也建立了微信公众号,积极地向用户发送一些促销活动信息。但在当时,该企业的粉丝并不多,所以该企业的微信营销并没有收到很好的效果。

为了进一步推广微信公众号,该企业的高层管理者想出了一个不但可以推广微信还可以赢利的方法:促销。当然,也许你认为,这太OUT了,做企业的哪有不在过节时搞促销的,这并不算是新鲜事。但是该企业做的活动并非一般的让利促销活动,而是与微信公众号推广很好地结合在了一起。该企业是这样做的:

第31计 微信营销靠粉丝

先将自己企业的微信公众号二维码印在企业的促销宣传单上最醒目的位置，然后让消费者关注，拿出手机扫一下，成为该企业的粉丝。随后，该企业的后台管理人员就会从微信公众平台中发现新粉丝加入，接着发送给用户一条信息。用户可以凭这条信息到企业的店铺中领取抽奖券，获得抽奖机会和折扣。

该企业为了能够吸引更多的粉丝，将最高奖品设为钻戒以及白金会员卡。所以，很多粉丝为了获得优惠和奖品而纷纷关注企业的二维码。根据详细调查，就在这短短的一周活动期内，该企业的微信公众号就增加了接近3万名粉丝。

当然，企业也没有怠慢这些粉丝，专门派出了一些微信专员与用户进行良好的互动，有效地增加了用户的黏度。

所以，企业想要积累更多粉丝，就需要在合适的时机，配合大型促销活动来让微信用户踊跃参加。这样不单对企业来说是一件好事情，对消费者来说也是一个难得的消费契机。

企业在办这些活动时，需要注意一点：不能因为一时的促销而忽略了微信公众平台上粉丝的需求。因为做好与粉丝的互动，也是企业微信营销的一大重要前提。

第 32 计
请暂时忘记销售

微信营运的目的是维护顾客关系。99%的时间都需用来培养顾客的信任度,请暂时忘记销售,天天促销,不如29天培养顾客,用1天的时间促销可能更有效。

第32计　请暂时忘记销售

◇微信营销同样需要诚信

"言必信，行必果。""一言既出，驷马难追。"这些流传了千百年的古训，都形象地表达了中华民族诚实、守信的品质。事实证明，只有保持诚信，坚守诚信才能守住心灵的契约，赢得做人的尊严，最终才能成就一番大业。

诚实守信，是中华民族优秀的传统之一。自古以来，中国人都十分注重讲信用、守信义，并把它作为为人处世、齐家治国的基本品质。一个成功的商人必是视信誉为生命、一言九鼎、一诺千金的人。

微商创业更是如此，而且与实体商业模式相比，微商对于诚信的需求更加强烈。这是因为微商的商业模式与实体商业模式有着本质的区别。实体商业模式通常有固定的店面，与客户需要进行面对面的接触沟通，在这个过程中态度与诚信会最大限度地相互传递。比如，你去服装店买衣服，如果销售员对你爱答不理，对产品的介绍与你看到的产品不相符，那么你就会觉得对方态度不好，不诚信，你就会放弃购买。

而在微商模式中，与客户的沟通是基于互联网这个平台进行的，双方主要通过文字进行沟通，这个过程中传递的诚信会减弱，客户只能依据产品的推广展示文案，以及你的介绍决定其购买行为。在这种情况下，如果第一次你让对方觉得你不诚信，对方除了不会再次购买你的产品外，还有可能会通过互联网的形式将你的不诚信四处宣扬，以互联网的传播速度及广度，对于你做微商是相当不利的。

此外，微商有一个建立市场及客户圈的过程，有些人认为微商与电商是一回事，其实不然。淘宝是一个电商平台，很多人在这个平台销售产品，这个平台就好比一个池塘，水就是流量，鱼就是客户。而这个池塘是阿里巴巴为我们建好的，经营者只需要跳进这个池塘捕鱼即可，如同已搭建好的实体市场，我们只需要在这个市场开个店就能经营。而做微商不同，它是一个人，一个号，一个点。市场需要自己搭建，这个市场到底能做多大，完全在于自己的经营能力。比如，在微信中做微商，一个人申请一个微信号，然后从这个点开始经营，在这种情况下，诚信便成了微商是否能够做大的关键。如果你能让微信好友觉得你的产品是优质的，对他有用处，同时他也非常信任你，个人品牌就会树立，市场才会越做越大。

孙梅是1984年出生的一个女孩，郑州人。2015年的时候去美国留学，后来由于对家乡的思念，于2019年回到家乡郑州。

回郑州以后，一次与同学聚会，在聊天的过程中她发现，很多女孩虽然爱美，也舍得花钱购买昂贵的化妆品，但由于对自己皮肤及化妆品的质量不了解，往往花了很多钱，却起不到该有的效果。而且经过了解，很多女性朋友都不愿意去美容院，一是美容院的价格要贵一些，二是她们没有时间去美容院。

她想，怎么样才能满足这类女性的需求呢？后来她接触到了微商，由于不用租店面，不用请员工，导致一些质量优良的化妆品的价格降低，完全能够满足这类女性人群。于是她开始研究化妆品，准备做微商。她去了很多化妆品生产厂家实地考察，为了对消费者负责，构建自己的诚信，不管是生产材料还是加工车间，但凡有一点不合格的，她都不会合作。

而且在进货前，她都会先买一套自己使用，过一段时间自己的皮肤确实得到改善之后，她才会开始销售。事实上，有些网店销售的同样品牌的化妆品，要比她的便宜很多，但她依然有很多忠实的客户，这是为什么呢？

有一次，一个微信好友问她："某某网店和你一模一样的产品要比你的便宜28元，你是不是卖得有些贵了呢？"

孙梅通过微信说："非常感谢您提出的疑问。虽然产品外观是一模一样的，但质量肯定是不一样的。我不敢说他们的是假冒伪劣产品，但我的产品一定值这个价格。为了保障您的利益，建议您各买一套对比试用一下。"

没想到对方真的各买了一套进行试用对比，而且还写了试用报告晒在了朋友圈。经过试用，得出的结论是孙梅的产品确实要比某网店的效果好。这个人不仅成了孙梅的忠实客户，而且还在自己的朋友圈推广宣传，为孙梅介绍了一些新客户。

大多数做微商的朋友都是抱着赚钱的心态去做的，但有些人的客户却很少，或者刚开始很多，后来越来越少。其中一个原因就是诚信问题。因为产品质量不好，因为与客户之间缺乏信任，导致客户不愿意继续购买。

所以，微商首先要与客户建立相互信任的关系，用产品质量和服务态度赢得对方的认可。从道德层次上讲，要对得起自己的良心。诚信经营，才能做大、做强、做长久。

孙梅的微商生意之所以能够做这么好，业绩不断攀升，主要就是因为她"诚信守约"。这是她成功的基础，也是经商的基本准则。

一个成功的商人，一定是将诚信放在首位的。在微商活动中，要坚持诚信经营，说到做到，客观沟通推广，拒绝虚假宣传。这样才能树立良好的口碑，出现客户一传十、十传百的良性扩散效应，微商才会越做越好。

◇不要盯着眼前的蝇头小利

一个人，要做到别人做不到的事情，首先要看到别人看不到的事情。也就是说，首先要将眼光放远一些，这一点对于经商尤为重要。

事实上，微商未来会怎么样，没有一个人能够非常肯定地说清楚。对于微商的未来展望，很多都是我们根据现有经验的预测，就像一个学习非常好且各项素质都非常优异的中学生，根据他目前的情况，很多人会非常明确地断定他将来一定会上重点大学。然而事情还没有发生，是否能上，还要看将来的那一刻。但是，如果这个中学生将眼光放远一点，不再着眼于重点大学，乃至清华、北大，誓要在某一领域做一番成就，推动当前社会某方面的进步，那么，他的心胸就会宽大很多，想事做事的格局就会显得更加宏伟。在这种状态下，他将来必然会有所作为。

做微商也应该如此。在微商创业的过程中，不要将所有精力放在那些蝇头小利上。当然，小钱是要赚的，但也应该有长远的规划，要有对未来的计划与打算。在产品经营和推广方式上，不但要与时俱进，还应该面向未来。比如你现在是卖面膜的，随着微商的发展，要考虑是否可以更换前景更好、利润更高、人们更喜欢的产品，或者是否应该改变推广模式以顺应时代，等等。

在农村，有些农民一辈子守着自己的一亩三分地，种了小麦种玉米，种了玉米种小麦，年复一年，日复一日，周而复始。到头来依然是一个只能够解决温饱问题的农民。而有些农民改变观念，紧跟时代的发展，办厂子、搞养殖，最终成为农民企业家，这就是眼光与眼光的区别。

张明是一个微商创业者，在朋友圈中经营汽车装饰品，如家用小型洗车机、脚垫、坐垫、灭火器等。如今越来越多的人都有私家车，越来越多的人准备购买或者更换私家车，且其中以年轻、时尚的人居多。有利的是，玩微信朋友圈的大多都是这一类人，所以，他选择的这类产品非常适合微商创业。

然而，在经营了大概两个月的时间后，他的汽车装饰品卖得不是很好，甚至可以说是生意惨淡。按道理说，对于这类产品，就算按照常规的方法去经营，也不会差到哪里去，何况在微商中这类产品的竞争也不是很大。他说刚开始的几个星期还可以，后来就越来越不行了，自己也不知道是什么原因。

为了弄明白其中的原因，他通过朋友圈找了几位曾经购买过他产品的客户，并加他们为好友。问了他们同样一个问题："你觉得我的产品和为人怎么样？"

第一个客户说："产品还不错，为人一般吧。"

又问："为什么为人一般呢？"

对方说："我也说不清楚。"

第二个客户说："产品挺好的，为人嘛，不怎么样。"

问起原因，对方说："我和你虽然不熟，但也算认识。那次我买了一个脚垫，我转钱的时候看错价格少转了1元钱，第二天你非得让我再转1元钱给你，虽说这是应该的，但……"

随后他又问了好几个客户，每个人的回答无不显示出他对蝇头小利的重视，为了一些眼前的小利，影响了其与客户之间的关系。

后来，他改掉了这个坏习惯，生意逐渐有所改善，现在他的微商越做越好。

这就是眼光的力量,一个微商经营者,如果总是短视,不但做不大、做不强,而且未来也会很渺茫。相反,将眼光放远一点,虽然当前失去了一些小利,但你会赢得更大的利润,这其实就是"舍得法则"。

微商创业最怕的事就是贪图蝇头小利。因为在这发展变化迅速的商业模式中,只顾眼前的经营方式,会很快被淘汰。微商创业者要想生存与发展,就必须具有长远的眼光,不断适应市场的变化,选择适合的竞争战略,打造自己独具一格的优势。

第 33 计
注重团队经营

在个人能力、微信营销业绩被局限无法突破的时候,不要固执地钻牛角尖。适应市场变化,转变思路,团队运营会柳暗花明又一村。

第33计　注重团队经营

◇营销团队的重要性

经常有人这样问:"现在微商越来越难做了,很多人都开始团队化运作了,这样个人利益有保证吗?有前景吗?"

可以肯定地说,团队化运作是微商未来的趋势。的确,单打独斗的微商们已深刻体会到微商越来越难做,压力越来越大,产品乱、价格低、销量不断下降、招不到代理等问题困扰着他们。这让很多人觉得做微商没有未来,甚至有些人产生了放弃的念头。其实,以上一些问题是微商发展过程中必然出现的现象,实属正常。

没有任何一种商业模式在发展的过程中是顺风顺水的,随着市场以及人们消费观念的变化,都会或多或少地出现一些问题,而这些问题的出现正是督促我们完善商业模式的信号。

微商的团队化运营是解决以上问题的关键。很多单兵作战的微商,他们没有固定的上家,没有组织,营销、推广、品牌提升等都是一个人做,而一个人的精力是有限的。所以,有些方面必然会做得不是那么完善,即使自己有很多高质量的粉丝,业绩依然会受到一定程度的限制。而在微商团队中,所有东西都会比个人做得更好,有专人做营销、专人做推广、专人做品牌提升、专人做售后等。显然,一个人做一件事情要比一个人做多件事情更完美、更专业。借助团队化动作,产品的营销、推广、品牌影响力在市场中就会更具竞争力,微商在销售产品时也会更加容易,运营也会更加轻松。

尤其是对于一些微商创业新人,加入一个优秀的微商团队能够让自己少走很多弯路,让微商经营者快速成长。

小李在2019年大学毕业之后便开始通过微商创业。在对微商进行了深入了解之后,他觉得微商这个新商业模式将来一定会像淘宝一样有无限的前景。所以，他对微商抱有很大的信心，坚定地开始了微商事业。

　　然而，在他做了一段时间后，各种问题不断出现，产品混乱，微商从业人数越来越多，竞争越来越大，产品越来越难卖。看着市场的变化及不景气，他迅速转变思维，加入了一个品牌微商团队。

　　此后，他的确轻松了很多，遇到问题上家会积极帮助他解决。有时候上家还会介绍一些客户给他，为了团队业绩，其他微商团队成员也会时不时地帮助他。这让他学到了很多微商运营中的知识、技巧，微商经营技能得到了迅速提升。同时收入也比以前个人单打独斗时高了很多。

　　俗话说："三个臭皮匠，顶个诸葛亮。"一个人的头脑无论如何也比不过一个团队的头脑，一个人的力量无论如何也比不过团队的力量。一个人在遇到困难、挫折后，有时会产生一种胆怯和退缩心理，而在团队中，有困难、挫折大家都会想办法解决，个人心态会更加积极，能够时刻感受到一种正能量。这便是微商团队的优势。

　　还有一些微商完全没有意识到团队的重要性，觉得只要自己有货源就不怕没客户。但我们需要明白的是，货源是做微商能够成功的因素之一。营销、品牌提升、推广活动做不好，产品依然会卖不出去。而在团队中，这些问题都会迎刃而解。

◇凝聚团队成员

　　管理学家彼得·德鲁克曾说："现代企业不仅仅是老板和下属的企业，而应该是一个团队。"松下幸之助也曾经说过："管理企业就是管理人。"所以，企业之间的竞争，说到底就是人的竞争。作为一个领导，如果只是"我要成功"，将会越来越不能适应当前日渐激烈的商战；只有强调"我们要成功"，才能使企业立于不败之地。

　　众所周知，通用电气的杰克·韦尔奇是全世界薪水最高的首席执行官

第33计　注重团队经营

（CEO），被誉为"全球第一CEO"。1981年韦尔奇入主通用电气后，在短短20年时间里，使通用电气的市值增长了30多倍，达到了4500亿美元，排名从世界第十位提升到第二位。就是这样一位商界泰斗，在他的《杰克·韦尔奇传》的《作者的话》中这样写道："我承认，我讨厌不得不使用第一人称，因为我一生中所做过的几乎每一件事情都是与他人一起合作完成的。然而，你要写一本这样的书，却必须使用'我'来进行描述，尽管实际上它是应该由'我们'来承担的。所以，请读者们注意，你们在书中的每一页看到'我'这个字的时候，请将它理解为我所有的同事和朋友，以及那些我可能遗漏的人们。"

从韦尔奇坦诚的告白中，不难看出，一个企业不是仅仅只有高层那几个灵魂人物就能成就伟业的，也需要形成中层强有力的团队，更需要普通员工的团队精神。

一家小有名气的公司招聘高层管理人员，经过初试，9名优秀应聘者从上百人中脱颖而出，闯入了由公司老板亲自把关的复试。

老板看过这9个人的详细资料和初试成绩后，相当满意，但此次招聘只有3个工作岗位，所以老板给大家出了最后一道题。

老板把这9个人随机分成3个小组，指定甲组去调查婴儿用品市场，乙组调查妇女用品市场，丙组调查老年用品市场。为了避免他们盲目开展调查，老板还给每人准备了一份相关行业的资料。

两天后，9个人都把自己的市场分析报告送到了老板那里。老板看完后，走向丙组的3个人，向他们恭喜道："你们已经被本公司录用了。"

看着另外6个人大惑不解的表情，老板呵呵一笑说："我给各位的资料都不一样，甲组的3个人得到的分别是婴儿用品市场过去、现在和将来的分析，其他两组的也类似。但丙组的人最聪明，互相借用了对方的资料，补全了自己的分析报告。而甲、乙两组的人却分别行事，抛开队友，自己做自己的。"直到此时，被淘汰的6个人才明白，老板考核最后一道题的目的是，想看看大家有没有团队合作意识。甲、乙两组失败了，原因在于组员没有合作，忽视队友的存在。要知道，团队合作精神才是现代企业成功的保障。

你是一滴水，只有融入大海之中你才不会干涸；你是一棵树，只有在大森林里你才能茁壮成长；你是一只大雁，只有在雁群里你才会飞到目的地。把自己融入团队之中，不要孤立自己，不要为了眼前的一丝小利而自私。要知道只有借助团队，你才能得到更好的发展，团队就是你成功的梯子和垫脚石，是最佳的成功之道。一个优秀的团队一定是一个凝聚力很强的团队，否则就会出现1+1<2的情况，在这种情况下，微商团队也就失去了它该有的作用。那么，作为一个微商团队的领导者，该如何提升团队成员的凝聚力呢？

1. 以身作则

要想管好别人，首先要管好自己，树立正确的价值观、人生观。不断完善自己、超越自己，在团队中树立威信，起到表率作用。从而影响团队成员向你靠拢，凝聚力量。

2. 识人用人

首先，要充分地了解每一个微商代理的优势和不足，明白他们能做什么、不能做什么、有哪些能力。这样我们就可以根据他们的个人情况，将其放到相应的位置。取长补短，发挥出团队最大的作用。比如有些微商代理能说会道，理论知识很扎实，我们就可以让其为其他代理商做培训；有些微商代理虽然说不出来、讲不明白，但实践经验很丰富，往往有着不错的业绩，我们就可以让其做代理商的组长，亲手指导他们做微商，从而提升业绩。

其次，在用人之前我们要先明白用这个人的原因和目标，应该因事用人，而不是因人设事，否则团队任何一个职位的变更，都会引发一连串的连锁反应，造成更大的麻烦。

最后，确保任职者明白自己的职责。在给了某个微商相应的团队职位后，要确保其了解该职位的职责，并对其提出更高的要求。比如，微商代理兼任了培训职位之后，让其明白自己的权限，自己需要做到什么，要向什么样的程度努力等。让其始终都有一种使命感，这样才能体现出团队的核心力量。

3. 机制引导

通过制定相应机制来激发微商团队成员的凝聚力，可从以下几个方面入手。

（1）明确合理的经营目标。因为目标是将团队成员凝聚在一起的基础，团队成员只有对目标认同才会形成坚强的组织团队。

（2）科学的管理制度。规范化、科学化的管理制度是团队有序运作的重要保证，没有科学的制度以及严明的纪律，团队运作容易出现混乱，凝聚力自然会减弱。

（3）良好的沟通协调机制。微商团队负责人与团队成员的及时沟通可以避免很多误会及问题。有些微商代理在遇到问题后总喜欢藏在心里，这样势必会影响微商团队的凝聚力。因此，建立良好的沟通机制有助于凝聚力的构建。

（4）有效的激励机制。没有激励，代理商就失去积极性。因此，良好的激励机制是调动代理商积极性的主要因素。在制定激励机制时，宜将奖励与整体团队相结合，如团队总业绩达到多少后每个成员会奖励一定数额的奖金，这样会使每个成员团结起来。

（5）全员参与活动。多搞一些集体活动，要求所有代理商都必须参加，如代理商的培训活动、产品促销和推广活动等，都可以培养员工的凝聚力。

第 34 计
竞争对手是最好的老师

关注竞争对手的微信,如果你关注了50个竞争对手的微信,就会有50个账号在教你怎样做好微信营销。你要做的就是优化他们所有的方法。记住:竞争对手是最好的老师。

第34计　竞争对手是最好的老师

◇ 有营销就有竞争

相信每一个"80后"在很小的时候都见过个体户摆地摊，也见过卖DVD、卡带的，而这些人正是先富起来的一批人。我们清晰地记得，那些先富起来的人在致富的过程中，需要面对一定的竞争，尤其是在越来越多的人开始经商的时候，是否能够赚钱，关键在于自己的竞争战略。

其实，现在的微商创业者如同当年那些勇敢的经商的个体户一样，只不过当代人魄力更大、眼光更远，看到了这个刚出炉的"大蛋糕"。在越来越多的人开始从事微商的情况下，要做好微商单靠勇气和魄力是不够的，还需要制定一个适合自己的竞争战略。

不要相信做微商就一定能够赚钱之类的话，这是那些无良的经营者蛊惑你的骗术。任何行业都有一个规律，做微商也是如此，那就是"二八定律"，就是说其中20%的人占有80%的社会财富。当你进入一个行业后，遇到的情况大致是，10个人有2个人赚钱，8个人是持平或者亏本。放在微商中，也就是说，做微商有八成不赚钱的可能。这不是危言耸听，在商界有很多先例存在。为此，在微商创业的过程中，我们应该有一种强烈的危机感，不要觉得这是一块金地，谁都可以捡钱。制定竞争战略，才能不输于他人，才能做那20%的人。

小王去广州出差，在机场与一位朋友聊天，得知他也是做微商的，做了差不多快一年了，代理了某一种产品。说起微商，他滔滔不绝如黄河流水，话似乎永远说不完。

找到一个插话的空隙，小王问他："看来你对微商了解很多，不知道你当初为什么会选择做微商？"

他说："微商可是一块金地啊，没有什么投入就可以去做，谁不做谁才傻呢！"

他的回答有些模糊，于是小王接着问道："您的生意目前怎么样呢？"

他说:"一般吧,一个月也就赚1000元左右,这不,商家让我去他们公司培训呢!"

小王心想:"一个月才赚1000元左右,的确很一般。"小王接着问:"您看现在做微商的人这么多,同样的竞品已经很多,您的竞争战略是什么呢?"

他说:"什么竞争战略,这个没有,只要认真做,我想就一定能够做好。"

他的回答依然很模糊,显然,他对竞争战略一无所知。小王瞬时觉得,这位微商经营者很是可悲。

其实,大多数人之所以从事微商是奔着这股潮流去的,没有任何的规划和计划,只是听说微商创业投入低、操作容易、能赚钱。于是不问青红皂白,一股脑儿地开始做。当然,这种情况我们可以理解,看到大家都觉得赚钱的行业,谁不想去尝试呢?

但是,我们在做的过程中不能只是按部就班,没有规划地去经营,要制定相应的竞争战略,哪怕是纸上谈兵也好,这样能够给自己一个竞争的方向。

案例中,这位朋友对做微商兴致很高、积极性很强,虽然赚钱很少,但很有激情。这一点值得肯定,但如果他没有制定竞争战略,那么将来他可能一个月连1000元也赚不到。

那么,我们如何制定微商运营竞争战略呢?大体上可以从以下3种战略入手。

1. 成本领先战略

也就是说采用合适的方法让自己的成本低于竞争对手,随后取得价格优势。在这种战略下,我们需要加强各种费用的控制,比如推销、广告、服务、物流快递等方面的成本。需要注意的是,运用成本策略时,产品质量一定不可以降低。

2. 差异化战略

也就是说让我们的微商运营更加具有特色、优势,如独特的推广方式、个性醒目的图片、有趣又具有吸引力的文字、独特的产品包装、与众不同的宣传方式等等。这种方式可能会增加经营者的脑力劳动时间,耗费一定的精力,但对于大多数顾客来说,这样的产品即使价格稍高一些他们也愿意接受。

3.目标集中战略

微商经营主要针对的客户是朋友圈中自己的好友,这个目标是固定的。但这一客户群中,谁是真正可能购买你产品的客户,我们不得而知。为此,我们可以将客户群进一步细分,将潜在客户集中起来。比如建一个群,把潜在客户引流到这个群中,然后为他们提供服务,这样成交的概率会大大提升。

对于微商来说,可能还有一些更好的竞争战略。不管是什么样的竞争战略,需要注意的是,在运用一个或者多个竞争战略时,不要机械地复制,要根据自己的特点进行合理的取舍。

◇双赢才是生存之道

合作在现代社会显得越来越重要了。现代的竞争更多的时候是一种"双赢"的结果,而不一定是你死我活。现在越来越多的竞争对手结为战略伙伴进而合作。他们通过这一策略,不但弥补了各自的不足,还进一步做大了市场这块蛋糕的份额,获得了双赢。事实证明,这种策略更适合于现代社会的生存之道。

美国通用汽车公司是世界上首屈一指的汽车生产企业,其规模之大、牌子之响,是别的汽车企业无法比拟的。1984年,出售各种车辆830万辆,销售总额达839亿元,获纯利润45亿元。但是,随着世界石油危机的加剧,汽油价格的上涨,又加上汽车行业的竞争日益激烈,通用汽车日子越来越不好过。通用公司生产的汽车本身油耗大,又多属豪华型,价格昂贵,在激烈的市场竞争中连连败北,越来越站不住脚。1991年,公司负债竟达到30亿元。史密斯出任通用公司董事长后才为该公司带来了新的希望。史密斯经过仔细斟酌之后,下定决心,及时调整策略。他采取的第一个动作就是迅速地"加入他们中间"。经过谈判,通用汽车公司与日本丰田公司签订了一项协议,在加利福尼亚的分厂生产25万辆由丰田设计的轿车,以通用的"雪佛来"牌在美国市场出售,利益均分。丰田公司见大名鼎鼎的通用公司甘愿拜倒在自己脚下,自然万分高兴,仿佛自己的身份一时也高了许多。然而就在此时,通用汽车公司已经在暗地里筹建自己的轻型车制造公司——农神公司。为了防止自己的传统市场和未来的"农神"市场被日本汽车挤占,在"农神"正式上市之前进行了试销。通用公司充分利用了这暂时合作的策略,为自己赢得了时间,赢得了市场。通过试销,客户开始接受通用公司的新型汽车。通用公司立刻抓住时机,投资几十亿元,筹建农神公司。农神公司采用了先进的自动化设备,专门生产外形轻巧、耗油量小的小轿车,其质量和价格与日本产品相差无几。经过几年努力,通用公司终于又在美国汽车市场中站稳了脚跟。

战略合作能降低企业经营成本,同时又能高效运用彼此的优势资源,起到提升销量、提高盈利水平的作用。同样,不管是招代理的微商模式,还是终端销售的微商模式,有一个原则必须时刻把握好,那就是共赢原则。通俗地讲,就是只有对方赚到钱获得利益了,你才能赚到钱获利。而仅仅是自己赚到钱,对方没有赚到钱及获利,这样的微商一定不会长久。

任何一种优秀的商业模式都是共赢的,微商也是如此。从长远发展来看,电商必须具备的特点就是开放、共享及共赢。针对微商,共赢原则应从以下3个方面把握。

1. 有"利",方长久

站在微商客户的角度思考:他们需要你创造什么样的价值?提供什么样的产品及服务?也就是如何才能让对方获利。

如果你是招代理的微商,你要考虑代理者在代理了你的产品之后会获得多少利润,如何才能让他们在同行中具有优势,从而制定相应的代理机制,有效保障那些能力出众者的切身利益。对于代理商来说,如果他们的利益能够得到有效保障,那么他们就有信心、有动力来卖产品,维护产品品牌形象。因为他们非常清楚,一旦品牌形象受损或者产品销售不出去,他们的利益就会受到威胁。

也许,起初我们制定的代理机制对自己不利,一件产品的利润中代理商可能会赚三分之二,而自己只有三分之一。但是,随着时间的推移,代理商们动力的提升,新产品的不断开发以及我们品牌知名度的提升,在代理商们获利的同时,我们会获得更大的利润。因为你不会只有一个代理商,可能有好多代理商在经营你的产品,这样便进入了一个良性循环。

终端微商经营者亦是如此，面对客户，要让客户始终有一种"赢"的感觉，只有让客户觉得他获利了，享受到了超值的服务，他才会愿意和你建立较强的信任关系，继续购买你的产品，甚至介绍朋友购买。

2. 合作，方共赢

很多人觉得一件事情自己一个人从头做到尾，获得的利润会更多。比如，有些微商经营者刚开始做终端销售，慢慢地客户越来越多、规模越做越大后，有人建议他去培训一些微商代理，自己只要管理好他们即可，但是他觉得，这样的话利润都让代理商拿走了，心里不甘，依然坚持一个人每天忙忙碌碌地做终端销售。由于是一个人操作，微商规模发展到一定程度后便会停滞，利润也会停滞。不过有些人确实听从了他人的建议，开始培训代理商，但是给代理商的利润非常少。这样，培养一批代理商走一批，反而不如他原先获得的利润多。总而言之，如果你不让对方赚钱，那么你也很难赚到钱。

3. "免费"，方获利

免费的东西怎么获利呢？举一个简单的例子，如果你是卖面膜的，你可以告诉你的微信好友，转发你的产品信息到自己的朋友圈，就可以免费获得一个面膜，而且邮费你出。对于你的微信好友来说，他不用花任何费用，只需要用几秒钟左右的时间转发你的信息就可以获得一个面膜，大多数人肯定会这样做。而对你来说，表面看你损失了一些面膜和邮资，但从长远讲，由于好友的转发、分享，你会获得更多的客户，品牌效应会有更大的提升。这些价值要远远高于你送出去的几个面膜。这便是从"免费"转化而来的共赢状态。

当然，对于不同的微商产品我们需要选用不同的"免费"方式，来充分体现"共赢"。

共赢就是让大家都有钱赚，让大家都有好处得，这才是一个稳定的商业模式。在微商模式中，要让客户产生一种强烈的获利心理，用共赢来激发微商代理的积极性。

第35计
不要急于见效果

做微信营销见效很慢,粉丝沉淀就要花很多时间,通常需要3个月的沉淀时间,才能收到一些效果和利润。最重要的就是一直坚持下去。

第 35 计　不要急于见效果

◇用 99％的时间去赢得顾客的信任

忠诚营销是为企业发展忠诚顾客的策划过程。企业忠诚的顾客越多，公司的收入就越多。然而，与此同时，公司对忠诚顾客的支出也越多。但是，发展忠诚顾客的获利率也往往高于公司的其他业务活动。一个公司应该在顾客关系活动中投入多少，怎样才能使成本不超过收益呢？

每一个市场都由不同数量的购买者组成。一个品牌忠诚者的市场是一个品牌的坚定忠诚者在买主中占很高百分比的市场。

对营销人员来说，提高客户忠诚度就等于保证了售后服务的利润，拥有客户的多少就等于拥有市场份额的大小。不少营销人员为提高客户忠诚度在售后服务的便利性方面下了不少功夫，比如在客户比较集中的区域设立了售后服务网点。

目前还没有一个统一、标准的定义来描述客户忠诚度是什么，以及忠诚的客户究竟是谁。直接来讲，客户忠诚度可以说是客户与企业保持关系的紧密程度，以及客户抗拒企业竞争对手吸引的程度。

客户忠诚是从客户满意概念中引申出的概念，是指客户感到满意后而产生的对某种产品品牌或公司的信赖、维护和希望重复购买的一种心理倾向。客户满意是客户对企业或其产品与服务的一种态度，而客户忠诚则反映客户的行为。一般来说，忠诚的客户往往具有这样一些基本特征：周期性重复购买、同时使用多个产品和服务、向其他人推荐企业的产品、对于竞争对手的吸引视而不见。例如，牙膏市场和啤酒市场就是具有相当多的品牌忠诚者的市场。在一个品牌忠诚者市场推销商品的公司，要想获得更多的市场份额就很困难，而要进入这样一个市场的公司，也得经历一段艰难时期。

高露洁公司在分析、研究它的品牌忠诚者的特征时，首先发现它的坚定忠诚者多数是中产阶级、子女众多以及注重身体健康的人，这就为高露洁公司准确定位自己的目标市场提供了可靠的依据，有利于确定其产品战略。

其次，公司通过研究它的中度的忠诚者，可以确认对自己最有竞争性的那些品牌。如果许多购买高露洁产品的买主，同时也购买佳洁士的产品，高露洁则可设法改进它的定位来与佳洁士抗争，或者采用两种品牌直接进行比较的广告。

最后，公司通过考察从自己的品牌转移出去的顾客，就可以了解到自己在营销方面的薄弱环节，并且有希望能纠正它们。对于多变者，如果他们的人数正在增加，公司可以通过变换销售方式来吸引他们；然而，要吸引他们是不容易的。

有很多公司的微信公众号大都会做促销宣传。比如美食店、时尚顾问中心、化妆品销售、咖啡店等，它们每次与用户沟通时，都是以促销内容为主。

这些企业每天都会给用户发送一些优惠活动宣传内容，有促销活动、黄金大甩卖等。但很少有企业会将这些时间用在与用户沟通、培养用户的信任上面。

可以说，很多企业将99%的时间都用在了促销上。但这样真的就符合微信营销的正常发展吗？你可以打开星巴克的微信公众号来看一下，星巴克有将99%的时间花在促销上吗？没有，它反而是将大部分时间花在了培养客户的信任感上。

比如，巴黎贝甜五道口店的微信公众号上是这样与顾客进行交流从而来培养他们信任感的。

巴黎贝甜在微信公众号中设立了电子会员交流平台，点开里面会有各位来自巴黎贝甜的糕点师、客服及店长的介绍与头像图片，用户可以随机选择任意一位，或者选择你中意的糕点师并与之进行沟通。你可以咨询糕点师关于蛋糕等甜品的口味、品尝以及做法等，还可以通过与客服的沟通来了解该店的一些情况和信息，当然也可以直接和店长进行商务合作沟通。

而且这个菜单是排在产品促销和宣传之前的，这说明巴黎贝甜五道口店十分重视用户对该店的了解和信任，而不是上来就促销。

在详细的团队介绍之后则是向顾客展示关于该店的一些口碑、介绍以

第35计　不要急于见效果

及相关服务。这说明，该店十分注重培养客户对其的信任感。很多用户一打开该店的微信就会看到如此亲切而真诚的介绍和服务，很难让人不喜欢。

在此之后，才是对该店的一些优惠活动介绍、促销及团购内容。这更是充分表明了该店将大部分时间用在了培养客户的信任感方面，只将很少的一部分时间用在促销上。因为一个成功的营销者很明白：只有用户信任你，他们才会主动购买你的东西。所以将促销放在后面的环节一点都不为过。如果一家店的微信号，上来就对粉丝发出促销大酬宾活动的信息，客户不但会很蒙，而且在不知所以然的情况下，是很少愿意冒险消费的。

（摘自《微信营销应该这样做》）

因此，作为商家，在微信营销方面，要尽量用99%的时间去赢得客户的信任，而不是将99%的时间用在促销上。其实，当你在一个月内拿出了29天的时间来维护与客户之间的关系，并且赢得了客户的信任感之后，只要再拿出1天的时间来搞促销就能取得很大成功。

◇有责任才招好友喜欢

许多优秀商人都是从一穷二白、一张白纸似的起点上开始掘第一桶金，然后逐步走向致富之路，绘出绚丽发展蓝图的。细察成功商人们的发展轨迹，或多或少应了一句古语所云：穷则独善其身，达则兼济天下。他们本身有着勤学上进、高瞻远瞩的品性。在企业尚未创立或起步阶段，他们通过读书、学习竭力"修身"，伴随着企业的成立和发展他们的素质不断提高，而在企业发展到一定程度时也不忘承担起一定的社会责任。

说到社会责任，很多人都会觉得这是唱高调，没有任何意义，对自己也没有任何作用。错，这是一种狭隘的想法，有这种想法的人，生意多半不会做大。有了社会责任感，社会才会稳定，生意才会好做。在微商经营中，这一点尤为重要，如果你没有社会责任感，就会大大影响亲友对你的信任，继而使得你的微商越来越难做，甚至影响微商发展的整体环境。

  阿明通过微商买了两双鞋，第一双是8月买的，第二双是9月买的。一次下雨，他穿第一双鞋子出去，结果进水了，回来后换了第二双鞋子出去，还是进水了。他很是气愤，于是找到了微商代理反映情况。

  第一家微商听到此种情况后百般狡辩："真是神经病，哪有穿这种鞋在水里走的，你买的又不是雨鞋。"甚至还用极其难听的语言讽刺阿明。阿明也是做微商的，随即气愤地问："你这样做微商，能做长久吗？"对方有些耍无赖地说："反正我的鞋卖出去了，钱赚到了，你能把我怎么样。"阿明很无语，不再理他，直接将对方拉黑。

  同样，阿明将问题反映到了第二家微商那里，这家微商的态度却异常好，除了问各种关于鞋子使用情况的问题外，还提出很多解决方案。言语中充满了抱歉与积极寻求解决方案的态度。第二天，对方就为阿明更换了一双新鞋。

  在这个案例中，显然第一家微商很没有责任感，只管将鞋销售出去，赚到钱，其他事情与它没有任何关系。往大处讲，这就是一种没有社会责任感的态度。用这种态度做微商，必定是做不好的，顾客只会越做越少。

  相反，第二家微商处理问题的态度便是一种负责任的表现。不敢说他有多大的社会责任感，最起码它能够为客户负责，没有抱怨客户提出的问题，也没有推卸责任。单凭这一点，即使商品出现问题，客户也不会担心，也会心甘情愿地再次光顾这家店铺。其实，当我们时刻心怀社会责任的时候，就会自然而然地流露出第二家微商这样的态度，自然会赢得客户的信任。

  缺乏社会责任感的行为，表面上看，可以赢得一定的利益，躲过了赔偿，占到了便宜。但这只是暂时的，因为客户对你失去了信任。更重要的是作为微商，你可能会失去更多朋友圈中朋友的信任和尊重，甚至影响你将来的社会交际。

  微商的浪潮来势汹汹，在这个浮躁的社会中，每个人都保持着高度的戒备。

第 35 计　不要急于见效果

而社会责任感是很多微商创业者最容易忽视的东西，有相当一部分人觉得只要产品卖出去了，其他任何事情就与自己无关了。但我们不要忘记在微商这种模式中，我们所面对的客户大多都是亲友，一旦失去他们，损害的不仅仅是我们的微商事业，更是我们赖以生存的基础。

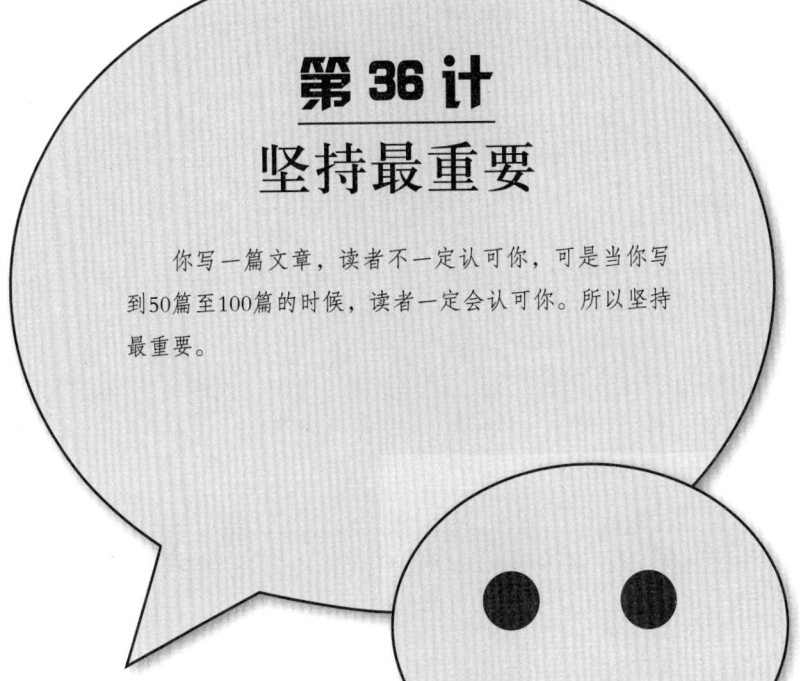

第36计
坚持最重要

你写一篇文章,读者不一定认可你,可是当你写到50篇至100篇的时候,读者一定会认可你。所以坚持最重要。

第36计　坚持最重要

◇严格地要求自己

　　孔子的学生子贡曾问孔子："老师，有没有一个字，可以作为终身奉行的原则呢？"把一生为人处世的道理凝结到一个字，似乎很有难度。但是孔子不疾不徐地说："那大概就是'恕'吧。""恕"，用今天的话来讲，就是包容。

　　孔子所讲的"恕"是指对别人的包容，而不是对自己。对自己恰恰相反，要严格。正如中国的那句古训所讲："严于律己，宽以待人。"孔子认为只有严于律己，才能少犯错误。同样，作为管理者，无论是在工作还是生活中，都要约束自己，谨言慎行，不放纵，不浮泛，这样就可以少犯错误甚至不犯错误了。

　　我们创业，其实就像在带兵。我们的一举一动都将影响事业的进展。对自己苛求，有利于减少自己的错误，减少事业发展中的弯路；对别人包容，将会让周围的人和你相处感觉很轻松，认为你是一个值得信任和交往的人，那么你的人际交往圈子就会越来越大，周围的那些能人都愿和你打交道，肯为你出力，你事业成功的可能性也就会增大。一个人要想成为富人，就应该做到常自我反省，出了错要敢于承担，而对别人则要学会包容。所谓"严于律己，宽以待人"，就是宽容地对待别人，多发现对方的优点；严格地要求自己，坚决改正自身的缺点。这一点放在微商创业中甚为合适。因为微商是在一个虚拟的交易平台上进行经营的，且大多数买家是自己的亲友。宽容地对待他人，必然会赢得他人的好感、赢得他人的信任，进而促使交易顺利进行。

　　请试着问一下自己，你在微商经营的过程中与客户吵过架吗？相信每一个微商经营者都曾遇到过一些刁钻的客户。客观地讲，有时候客户的确很不讲理，甚至可以说很霸道。

　　有一个微商创业者讲述这样一件事。他曾遇到过这样一个客户，买了一件产品，在拆封的时候将其中一个产品划破了，客户联系他说是发的货有残缺，他要求客户拍照片过来。在外包装与产品的照片中，可以很明显地看出是客户拆封时划破的产品。于是，他开始与客户讲道理，但客户死不承认，反而变本加厉地诋毁他。最后他为客户免费邮寄了一个产品。

他在讲述这件事情的时候说："做微商难免会遇到这样的人，想开一点，让客户占一点便宜自己也不会有太大的损失。"的确，在微商经营中，什么样的客户我们都有可能遇到，如果总是因为一些小事与客户较真，势必会影响微商的正常运作。所以，宽以待人，应该成为微商经营过程中的基准。

有一个朋友想创业，于是学习做微商。因为他对如何在微信朋友圈做微商还不是很懂，所以刚开始的时候老师就告诉他刷朋友圈一定要保持一个度，不要太频繁，每天6~9条即可，否则容易被朋友屏蔽。

除此之外，老师还告诉他，更新信息要把握好时间。由于他做的是零售微商，针对的客户主要是上班族，因此要在他们的空闲时间进行更新，最好的时间是早上7点到8点的上班途中、中午11点到下午1点的午休时间、下午5点到6点的下班路上，及晚上8点以后的休息时间。随后老师还对他交代了很多做微商的要点。

老师之所以讲得这么详细，是因为真心希望他能够做好微商。随后的三天，老师看到他都是按照自己讲的进行操作的。而在第三天之后，开始有了变化，在朋友圈发信息开始不规律，有时候一天2条，有时候4条，有时候10条，有时候一天一条都没有。更新朋友圈的时间也有了变化，有时候早上连发4条，随后一整天一条也没有，有时候早上10点人们正上班的时候发七八条。对此，老师很是纳闷，他为什么要这么做呢？

于是老师打电话问他，他对老师说："这段时间生活有些不规律，有时晚上和朋友一起吃饭，玩得太晚，早上起得晚，所以就10点钟更新。有时候一忙起来就忘了，所以一天一条也没有更新……"

对此，老师很是痛心，真是枉费当时对他的真心传授。

案例中这位朋友的主要问题就在于自律太差，对自己几乎没有要求，太过于放松。这样的人，别说是做微商，做任何事情都很难做好。

微商对信息更新的时间、内容质量、更新的次数等有很严格的要求。过度会引起客户的反感，被屏蔽；不足则不能引起客户的注意，起不到很好的宣传效果。所以，微商创业者要从自身做起，严格要求自己，在合适的时间更新合适的信息，严格把握更新次数。

此外，真诚对待每一位客户，不要向客户发脾气，每一条动态不要重复，尽量作出新意、作出自己的特色。其实，做微商就像女孩化妆一样，每个女孩子都会花很长的时间去化妆、穿衣打扮，要求非常严格，甚至画眉毛几乎细致到了每一根。微商创业也应该如此，严格要求自己，细致到每一根"眉毛"，这样的微商才能做出特色。

◇微商都是"苦"出来的

"不经历风雨，怎能见彩虹。"任何一种本领的获得都要经由艰苦的磨炼，正所谓："梅花香自苦寒来，宝剑锋从磨砺出。"要想化茧成蝶，蜕变时的那次阵痛是一定要经历的。每个成功的温州老板都是一路"跌打滚爬"过来的。

> 威力打火机公司已成为世界最大的金属打火机生产企业，它的老板徐勇水当年为筹集创业资金，将东北的铝锭"倒运"到温州卖。由于没钱雇人，他自己搬运铝锭上火车，结果被脱手的铝锭砸伤脚；为了"押运"车皮，他几天几夜没敢合眼。
>
> （摘自《不一样的温州人》）

哪里有市场，哪里就有温州人，如今有200多万温州人遍布全世界。他们不愿意待在生活安稳的家中，而是走向人生地不熟的异国他乡，面临着无法预料的困难与艰辛，甚至生命危险。他们忍受着孤独、寂寞，忍受着夫妻、骨肉分离的痛楚。

20世纪80年代中期，市场经济政策刚刚实施，温州人就外出打工、做生意，20年来，这些远离故乡的棉花郎、修鞋匠、钥匙大王等人，不仅挣到了血汗钱，而且在市场经济的大潮中学会了经商的基本法则。当他们挖到第一桶金的时候，当他们的资本积累到一定程度的时候，这些人或回乡创业，或在异乡扎根发展，一个个成为老板，走向了富裕。

许多不愿意吃苦的人都认为温州人的行为很不可思议，甚至有点看不起他们。但是，许多年后，这些睡地板的温州人都成功了，小企业成了大公司，小资本成了大财富，这时候，大家才意识到，"吃得苦中苦，方为人上人"这句古话说得一点也不假。

在微商创业中，每个人都希望能够像温州商人那样把微商做强做大，那么，我们就应该像他们一样，把吃苦耐劳当作一种"享受"，长期坚持。

在一个关于微商的会议上，坐在前排的主持人以及代表们讲了很多微商的经营之道、方法、策略、观念等，似乎已经非常全面。最后主持人对大家说："谁还有关于微商创业经营好的知识点可以与大家分享？"这时，从最后一排传来一个女生的声音，她说："做微商还应该具有吃苦耐劳的精神。"所有人都回头向后看，只见这是一个瘦弱的女生，由于后排灯光较暗，大家并没有看清楚她的模样。接着，主持人很郑重地请这位女孩到台上，让她给我们讲了她微商创业的故事，内容如下。

"大家好，我叫王艳珍，朋友们都叫我珍珍，我在微信朋友圈的昵称叫'爱家珍珍'，之所以起这个昵称，是因为我经营的产品是化妆品。希望大家能够关注。

我之所以说微商创业要具备吃苦耐劳的精神，是因为我深有体会。刚开始我做微商只是抱着一种试试看的态度，并不是很专注。一段时间后，发现和我一起做微商的朋友都赚钱了，而且越做越大，自己却仍然原地踏步。

因为我做的是代理，后来厂家微商专员告诉我，做微商不能像我这样不温不火，像过家家。而是要花费精力认真去做。随后给我讲了很多技巧、策略，就像今天大家探讨的那些一样。

为了做好微商，我当然愿意按照厂家的说法去做了。可只做了三天，发现真的很辛苦。每天固定时间段在朋友圈更新信息，编撰内容为了凸显特色费尽心思，不知伤了多少脑细胞，真是有些不想做了。

总代理好像也猜透了我的心思，就在这个时候，他给我打了一剂猛药，告诉我如果不坚持按照他说的方法去做，就取消我的代理权。说实话，他们的产品有很多人抢着做代理，况且我并不想这样轻易放弃。于是，我只能坚持,那一段时间,真的是很辛苦很辛苦,而且很乏味。

我很幸运,一个月后,我的业绩有了很大提升,交易量上升,顾客也多了很多。在好业绩的激励下,回头想想,那些辛苦都是值得的,也明白了微商创业要做好,必须要吃苦耐劳。"

这是一个微商创业者发自内心的声音,在她讲完这段话后,不管是在业界有名望的微商大佬,还是一些刚入行的新人,都为其鼓掌喝彩,伸出了赞许的大拇指,投予肯定的目光。

俗话说,业精于勤。成功的果实总是由无数的汗水浇灌而成的,吃苦耐劳、勤于思考,是将"业"做"精"的最好方式之一。

我们知道,微商创业几乎是一个零投资、零风险的项目,即白手起家。而天上不会掉馅饼,白手起家也是需要付出经营者的吃苦耐劳和勤劳勇敢的。否则,人人都可以通过微商成为有钱人,这显然不现实。

吃苦耐劳是每一个微商创业都应该具备的品质,不怕苦、不怕累、坚持去做;勤于思考、勤于创新,拿出执着、敬业的精神,必然能够让你的微商事业与众不同。